贾拱栋

闪电富翁创始人
企业盈利系统专家
清华大学EMBA总裁班客座教授
诚铭源教育集团董事长
世界第一国际品牌管理咨询机构董事长
北京盈利天下管理咨询有限公司董事长
中国十大营销导师
中国品牌建设十大杰出人物
共和国十大新锐人物
中国管理咨询行业新锐人物

● 贾扶栋与汇源集团董事长朱新礼在一起交流

● 贾扶栋与全国工商联副主席保育钧亲切合影

● 贾扶栋与亚洲顶尖演说家陈安之同台演讲并合影留念

● 贾扶栋与亚洲超级演说家林伟贤同台演讲并合影留念

● 贾扶栋与力帆集团总裁尹明善合影留念

● 贾扶栋与远东控股集团董事长蒋锡培交流

2009年7月中国·太原"闪电富翁创富大会",现场与1000多名学员分享闪电富翁创富秘诀。

贾扶栋导师授课与咨询注重"实战、实效、实操",拒绝空洞、说教和虚华,直面接受他培训的学员已超过10万人。100%的企业绩效获得递增,其中75%的企业绩效递增30%-200%。

精品课程推荐NO.1：利润密码

利润密码-业绩暴增100倍的秘密

第一天

NO.1 企业方向

千年不倒的企业到底在卖什么？
创业之初老板为什么累？
老板怎么赚钱回报率更高？
团队如何放手却不哗变？
老板如何降低决策风险？

NO.2 零风险倍增利润

业绩暴涨的三扇窗口？
如何把产品卖出高价？
如何裂变客户数量？
如何迅速提高成交率？
如何2年内赚完20年的钱？

第二天

NO.1 自动化盈利系统

如何让员工"无人驾驶"？
如何让客户快速掏钱？
如何快速提升成交率？
如何开发高管潜能？
老板如何甩掉公司包袱？

NO.2 成功掌控命运

如何把坏事转化为好事？
如何把企业危机转化为商机？
如何让任何言语都伤害不到你？
如何把控自己的命运？
如何达成十年目标？

第三天

NO.1 解码经典商业模式

千年不倒企业的商业模式？
如何找到一本万利的产品？
如何主动创造商机？
如何把客户变成免费业务员？
百亿商业模式如何打造？

NO.2 基业长青的秘密

如何让员工都敢于承担责任？
如何让员工做梦都在工作？
如何牢牢抓住高管的心？
如何用企业文化把员工锁住？
如何让骨干独当一面？

你的业绩增长为何缓慢？

世界500强是如何快速创富？

如何打造独特的商业模式？

以上问题只有一个答案——利润密码！

郑重提醒：成功者只是比90%的人更懂得把握机会，请立刻致电：400-1144-888 抢定名额！

精品课程推荐NO.2：闪电富翁博士班

闪电富翁博士班-打造自动化赚钱机器

第一天

NO.1 打造赢利项目
如何挖掘最佳的赚钱模式
揭秘超暴利项目创造法则

NO.2 营销的真相
直复式营销的三个关键秘诀
飙升成交率的超级武器

NO.3 打造流量入库系统
零成本增加客户策略
24小时自动现金流魔咒

NO.4 打造自动成交系统
如何塑造产品的独特卖点
无可抗拒的零风险承诺

第二天

NO.1 打造成交主张
自动成交杀手锏之风险逆转
傻瓜式说服技术

NO.2 成交方式组合秘籍
七种成交方式揭秘
自动成交X因子

NO.3 成交阶梯设置
鱼饵产品设置十大策略
打造超级赠品

NO.4 顾问式销售
客户自动成交对话控制
打造超级意见领袖

第三天

NO.1 成交方程式
激发客户购买欲望的秘密
闪电富翁五步成交方程式

NO.2 连环追售系统
放大100倍利润的追售秘诀
极限病毒行销技术

NO.3 自动化赚钱机器
无敌星型发售技术
杀手级文案+七日成书法

NO.4 企业营销系统优化
企业金字塔构建系统
员工自动化驱动机制

你将学会如何在90天内，利用闪电富营销体系**打造自动化赚钱机器**，让你实现每天去度假，**而企业仍在持续不断的自动盈利！**

郑重提醒：成功者只是比90%的人更懂得把握机会，请立刻致电：400-1144-888 抢定名额！

精品课程推荐NO.3：绝对赢销

绝对赢销-营客户·赢市场·盈利润

NO.1 全套世界级的成交训练
贾扶栋老师将会在一天的时间中培养您坚实的发问基本功。在彻底纠正您错误的销售习惯后，训练您的发问技巧，一切就像是条件反射一样简单。

NO.2 完美销售的具体步骤
贾老师将训练您如何大幅度地提高您在顾客心目中的信赖感，教会您如何洞察人心和如何促使顾客下定决心，以及如何倍增产品价值的塑造方法。您会感受到：由于基本功的扎实，您的成交技巧已有大幅度的提高。

NO.3 最实用的百问百答秘籍
贾扶栋老师将帮助您打造专属于您的行业、您的公司的销售百问百答秘籍，帮助您实现"自动化+傻瓜化"销售，真正实现把话说出去，把钱收回来。

NO.4 颠覆性的实用演练
您将感受到史上最实用的销售演练，它是如此强烈地震撼您的大脑——会冲击着您过去传统的销售习惯，彻底颠覆您对销售的看法。如果您将我的基本功应用到应对顾客抗拒的六大步骤上，您会看到您的成交技巧已经真实地为您提升业绩。

你知道在你的身边有99%的人，

都是用收入来衡量你这个人的吗？

《绝对赢销》揭秘不为人知的成交绝技！

让你的收入在**最短的时间**像直升机一样**直线提升!**

郑重提醒：成功者只是比90%的人更懂得把握机会，请立刻致电：400-1144-888 抢定名额！

精品课程推荐NO.4：领袖公众行销班

领袖公众行销班-快速成功的秘密武器

第一天

NO.1 行销解码
好演讲的精髓是什么？
如何用三句话吸引台下人？
台上如何带出台下人的感觉？
在台上讲什么台下人爱听？
如何利用"行销三要素"震住客户？

NO.2 一对多行销
如何给客户准备好用的载体？
如何找到客户相信的人？
如何利用"场"的氛围催眠客户？
如何娴熟运用成交手法？
如何后期跟踪，乘胜追击？

第二天

NO.1 调动情绪
如何打造自己的舞台基本功？
如何利用八大情绪感染台下的人？
如何调动台下所有人的感觉？
如何发现客户的真实需求？
如何让客户觉得你不虚伪？

NO.2 销售演讲
如何表达你讲话的目的？
台下人为什么要听你讲？
如何让别人相信你说的是真的？
如何拿出充分理由让别人选你？
如何让客户非现在买不可？

第三天

NO.1 团队激励
如何让员工爱听你培训？
如何放大员工的梦想？
如何用超级说服力吸引人才？
如何让员工对公司坚定不移？
如何让员工感觉真能做到？

NO.2 洗脑说服术
如何利用情绪瞬间成交？
如何利用灵性成交？
如何不断撒下成交的种子？
如何把客户带入情境成交？
如何欲擒故纵地实现成交？

拥有一对多的**公众演说**能力和**现场行销**能力，
在最短的时间影响到最多的人，
已成为您成功立足商场，

快速获取成功的必备技能！

郑重提醒： 成功者只是比90%的人更懂得把握机会，请立刻致电：400-1144-888 抢定名额！

我敢保证
"你从来没学习过如此实用的课程"

58同城山西分公司 总经理 王勇

从公司快速发展到走进了瓶颈期,我很困惑。幸运的是我有幸结识了贾扶栋老师,贾老师让我重新认识了什么是真正的营销。

之前我们的一些营销策略和方法就像一个一个的"点",是贾老师在3天的时间内帮助我把这些"点"系统地串在一起,让我找到了一套系统的强大的营销体系。

杭州劲道私房面餐饮连锁 董事长 徐斌

2012年12月份我有幸参加了贾扶栋老师的课程,学会了如何在增加客流与钱流的地方放大奖励,掌握了贾老师的奖励体制优化核心原则,把一生一次的客户变成一生一世的客户。

运用了贾老师营销策略和方法,在4个月的时间里我们从3家店快速扩展到了7家店。并且实现了持续盈利,利润以90%的速度在递增。

济南天姿摄影连锁机构 董事长 郝宗环

在贾扶栋老师的课程中我学到了很多之前从未接触过的、不可思议的营销策略,例如:优化酬薪制度,打造超级意见领袖等。

课程结束后,贾老师协助我们做了未来3年的"作战计划",3年来运用贾老师的方法和策略,我们不断地开拓旗舰店,吸引高端客户,利润以每年50%的速度递增!

西安诺亚壁纸 总经理 王飞

在贾扶栋老师的课程上,我学到了很多东西,使用了"超级意见领袖"和"锁定追售"这两个方法,我的企业在半年内销售额已经提升了200%。

感受最深的就是,这个课程可以让我们学以致用,立马就可以用上。所以,我最想向贾老师说的一句话就是:贾老师,你送给我们的不是一堂课,而是一台印钞机!

沈阳嘉琳美美容用品有限公司 总经理 郑元东

在贾扶栋老师的课程里,我收获了这堂课程本身价值的10到20倍,所以我很愿意把贾老师课程推荐给我身边的朋友。

首先,我学到真东西了,所以我问心无愧地把它推荐给我身边的朋友,如果你不来就是你的损失。如果要用一句话来说给贾老师听,我只能说:谢谢你,贾老师!

郑州美好时光婚庆礼仪连锁机构 总经理 王雪

通过参加贾扶栋老师的课程,至少让我今年的业绩从200万快速提升到300万,这是没有任何问题的!

更重要的是,我能够很快把我学到的营销策略和实战方法带回去教给我的员工,让我的员工整体的营销思路和方法都能快速提升,为企业创造利润,实现员工的自身价值。

石家庄世纪星教育 校长 刘敬未

参加了贾扶栋导师的课程,学了贾老师的薪酬制度优化、产品分类组合,就这几个点让我们公司的利润在30天内提升了10%。

最重要的是,贾扶栋老师的思想要点学完后回到自己的企业中能真正的落地和执行,并且在执行的过程中有新的困惑还可以回来复习,真心感谢贾老师!

东方乾坤科贸有限公司 董事长 赵士权

结识贾老师已经有6年的时间,我们公司一路成长与发展都离不开贾扶栋老师的帮助,在贾老师的协助下,我们公司每年的利润以50%以上的速度持续递增。

用四个词来总结贾扶栋老师的课程,那就是:系统、实用、实效、实操。贾扶栋老师带给我的不仅是财富,更是受用一生的智慧。

郑重提醒:成功者只是比90%的人更懂得把握机会,请立刻致电:400-1144-888 抢定名额!

卓越绩效教练

任芳进 贾扶栋 ◎ 著

中国财政经济出版社

图书在版编目（CIP）数据

卓越绩效教练 /任芳进，贾扶栋著.--北京：中国财政经济出版社，2013.12

ISBN 978-7-5095-4849-3

Ⅰ.①卓… Ⅱ.①任… ②贾… Ⅲ.①企业绩效-企业管理 Ⅳ.①F272.5

中国版本图书馆CIP数据核字（2013）第233169号

责任编辑：张若丹　　　　责任印制：刘春年
责任校对：胡永立　　　　装帧设计：盛世纳唐

中国财政经济出版社 出版
URL: http//www.cfeph.cn
E-mail: cfeph@cfeph.cn
（版权所有　翻印必究）

社址：北京市海淀区阜成路甲 28 号　邮政编码：100142
营销中心电话：010-88190406　北京财经书店电话：010-64033436
北京顶佳世纪印刷有限公司印刷　各地新华书店经销
787×1092 毫米　16 开　13.75 印张　167 000 字
2014 年 3 月第 1 版　2014 年 3 月北京第 1 次印刷
定价：35.00 元
ISBN 978-7-5095-4849-3 / F·3926
（图书出现印装问题，本社负责调换）
本社质量投诉电话：010-88190744
反盗版举报热线：88190492　88190446

当管理者反复强调企业愿景和目标的时候,很可能会忽视具体工作而没有落实到位。长此以往,目标和规定就会变成挂在墙上的条条框框,对员工没有激励作用。如今越来越多的企业将"绩效管理"放在重要位置,如果能够将企业愿景和员工的日常工作联系起来,便是对前者最好的保证。很多企业通过绩效考核,对战略执行情况进行跟踪,从而保证结果的有效性。

很多管理者觉得,创建绩效"体系"是为了控制员工的行为。实则不然,科学的绩效管理能够激发员工的热情,达到凝聚员工力量的作用。如果说企业的愿景是发展方向,那么绩效管理就是指引员工前进的灯塔,从而激发员工的成就感和使命感。

到底什么是绩效管理?

从专业角度来讲,绩效管理是指公司的每一级管理者带领员工一同完成为了既定组织目标而形成的计划制定、辅导沟通、考核评价、绩效结果应用、绩效目标提升等一系列工作。卓越的绩效管理,能够有效协调企业内各部门的日常工作,从而提高团队效率。

绩效管理之所以被越来越多的企业重视,正因为它能够起到激发员工内在能量的作用。所以管理者希望通过有效的方法,让员工投身日常工作,并且运用所具备的技能,更加出色地完成工作,同时配合团队整体进程。

本书意在帮助企业打造卓越绩效管理模式。作者始终致力于企业绩效的研究，业界堪称权威。通过对多年培训、管理、咨询经验的总结，以"卓越绩效教练→卓越绩效依靠领导者活学活用→卓越绩效要用对两大管理工具→卓越绩效要选对合适管理模式→卓越绩效要建立全面考核系统"5部分内容搭建了一套卓越绩效的管理模式，帮助管理者拆掉思维的高墙，科学使用绩效管理工具，走出绩效管理误区。

希望读者在领悟管理内涵的同时，将更先进的方法运用到实际工作中，由此提高绩效管理水平。

在阅读过程中，你会发现本书具有以下两大特点：

1. 经典案例——他山之石可以攻玉

几乎所有小节都准备了案例，或列举出绩效管理中常见的错误，意在防患于未然，或展示出良好绩效管理所带来的成功，希望借他山之石而可以攻玉。通过了解这些案例，相信读者可以找到其背后不同的原因，并通过科学的分析，综合判断，得到绩效管理背后蕴藏的规律。

2. 语言通俗——平凡文字中的不凡魅力

本书以通俗易懂的语言分析案例背后的道理。极少使用抽象枯燥的专业词语，而是尽可能使用生活化的语言，为你指点出自我提升的途径，从而获得正确的发展之路。这些论述针对性都比较强，结合案例的同时，又尊重实际工作。不但有理有据，高屋建瓴，而且能条理清楚，言之有物。

通过在工作中感受绩效管理的真谛，再用修炼所获得的经验来完善工作，最终，你将会成为更优秀的管理者，运用所学知识和技能影响工作和团队。

相信每位读者，都能通过愉悦的阅读之旅，学习到更多的修炼方法和绩效管理知识，最终创造卓越绩效，并从成长过程中体会到进步和提升的快乐！

绪　论　卓越绩效教练

第一节　拆掉绩效管理思维的墙…………………………………… 3
◎ 为什么绩效考核得不到理想结果？………………………… 3
◎ 为什么员工的绩效考核总是习惯性"流产"？……………… 7
◎ 为什么完成任务却没有业绩？……………………………… 11

第二节　卓越绩效管理与普通绩效管理模式有何不同…………… 16
◎ 打破常规，灵活运用绩效管理小游戏……………………… 16
◎ 卓越绩效管理更强调价值与质量…………………………… 20
◎ 卓越绩效管理更强调可持续发展…………………………… 23
◎ 卓越绩效管理更强调责任的力量…………………………… 27
◎ 卓越绩效管理更强调系统整合与思考……………………… 31
◎ 卓越绩效管理更强调团队合作与学习……………………… 34

第一章　卓越绩效依靠领导者活学活用

第一节　一种模式，区别对待……………………………………… 41
◎ 不同员工要区别对待………………………………………… 41
◎ 隐藏在业绩背后的残酷现实………………………………… 45
◎ 走出"卓越业绩"的囚笼…………………………………… 49

1

第二节　无论大小，重视每一次绩效结果…………………………… 54
　　◎每个领导者的期望都很美好………………………………… 54
　　◎建立、导入、推行阶段要做的事…………………………… 58
　　◎绩效管理，不只是人力资源部的事………………………… 62
　　◎坚定不移，相信你的管理模式……………………………… 66

第三节　管理，是为了挖掘绩效最大价值…………………………… 71
　　◎如何才能多一点绩效，少一点苦痛？……………………… 71
　　◎列一份考核指标清单………………………………………… 75
　　◎绩效管理永久长存的秘密…………………………………… 81

第二章　卓越绩效要用对两大管理工具

第一节　目标管理工具：先打靶，后射箭…………………………… 87
　　◎闭环结构帮你选定目标……………………………………… 87
　　◎有修订才有更好的结果……………………………………… 92
　　◎一己之力难以撬动泰山……………………………………… 96
　　◎必要的考核、评价与奖罚…………………………………… 98

第二节　绩效考核工具：科学考核才能事半功倍…………………… 102
　　◎如何科学地考核？…………………………………………… 102
　　◎绩效考核，谁和谁比？……………………………………… 104
　　◎考核结果与既定目标有剪不断的关系……………………… 107
　　◎什么才是最好的结果？……………………………………… 111

目 录

第三章　卓越绩效要选对合适管理模式

第一节　目标分解模式：有目标才能高枕无忧 …………………… 117
- ◎分解从大到小，空间分割 ………………………………………… 117
- ◎分解从前到后，时间分割 ………………………………………… 120
- ◎分解先预后立，尽在掌握 ………………………………………… 123
- ◎分解找到策略，提前制定 ………………………………………… 125
- ◎分解目标落地，立即执行 ………………………………………… 128

第二节　战略分析模式：站在看得最远的地方 …………………… 132
- ◎长短战略结合，人人都有事业观 ………………………………… 132
- ◎SWOT战略分析法，目标一一都实现 …………………………… 135
- ◎开好年度战略研讨会 ……………………………………………… 139
- ◎抓好例会、周会、月会 …………………………………………… 141
- ◎为季度战略进行"健康体检" …………………………………… 147
- ◎问题总在"摇篮"中覆灭 ………………………………………… 151

第三节　因材施教模式：适合的才是最好的 ……………………… 153
- ◎实现任务分工的卓越管理模式 …………………………………… 153
- ◎不卓越就会不习惯 ………………………………………………… 157
- ◎人力资源各尽其才 ………………………………………………… 159

第四节　查缺补漏模式：管理模式可以再完美一点 ……………… 162
- ◎查缺补漏，持续进步 ……………………………………………… 162

◎ 上通下达，高效管理……………………………………… 164
◎ 业绩未达，多找原因……………………………………… 166
◎ 时间管理，领导轻松……………………………………… 167

第四章 卓越绩效要建立全面考核系统

第一节 绩效学习系统：三种模式保障卓越绩效……………… 173
◎ 多、快、好、省达成绩效………………………………… 173
◎ 提升素质为绩效加分……………………………………… 176
◎ 把握阶段性绩效一个都不少……………………………… 179

第二节 绩效考核系统：完善绩效考核系统的五个关键……… 183
◎ 关键业绩指标有多"关键"？…………………………… 183
◎ 将业绩指标逐级分解……………………………………… 187
◎ 为团队绩效做"预算"…………………………………… 191

第三节 绩效测评系统：360度评价中诞生的考核价值……… 197
◎ 该不该对员工进行360度评价？………………………… 197
◎ 在评分游戏中进行360度评价…………………………… 200
◎ 如何在测评过程中去伪存真？…………………………… 203
◎ 怎样才能让绩效更卓越？………………………………… 207

卓越绩效教练

第一节　拆掉绩效管理思维的墙

◎为什么绩效考核得不到理想结果？

随着绩效考核在企业中起到的作用越来越突出，很多企业都开始做绩效考核。理想的情况下，企业希望能够通过绩效考核改善公司的人际交流、工作环境、团队合作、运作流程等环节，优化企业的整体运营，以达到实现企业利润最大化的目标。

遗憾的是，成功的企业往往只是少部分。

并不是每一个企业都能有效地利用绩效考核。有些企业的绩效考核存在很明显的漏洞——这些漏洞甚至有可能导致考核的整体崩溃，让企业的运转体系一片混乱，起到相反的效果。

那么，为什么这些企业的绩效考核得不到理想的结果呢？

不少管理者把这归咎于员工不愿意配合、能力和素质低下，而实际上，有不少问题都出在管理者自己的身上。所以，在寻找问题症结的时候，目光不能狭窄，更不能局限、纠结于某一个方面，必须立足大局，着眼细节。

其实，看看那些在绩效考核方面取得成功的企业，很少有哪一家在一开始就能做得顺风顺水。绩效考核并不是一个简单的管理手段，不是一朝一夕就能够完成的，起到的效果也并不是要解企业的一时之需，而是要经过一个长期努力的实践过程，以此来检测企业的问题到底出在哪里，从而加以改进，才能逐步建立起一个相对完善的绩效考核制度。

在绩效考核制度建立时，最容易出现并阻碍绩效考核进展、影响考核效果的，无非就是管理者自身的思维问题、员工的个人问题、企业的实际状况、外界客观因素这四点。

1. 管理者的思维问题包括很多方面

总的来说，思维问题就是管理者自身的眼界问题，不能顾及员工、企业乃至市场的需求等方方面面，这一问题是最容易出现的，但相对来说也最容易改进，只要管理者重新树立一个正确的绩效考核观念，立足大局，就很容易稳定自己的能力和心态，为绩效考核的推行打下一个好基础。

（1）过于相信自己的个人能力。这是最常见的原因之一，很多企业的管理者，都认为自己是无所不能的。实际上，没有经过专业培训、不具备相关知识和操作经验的管理者，想要接触绩效考核，在初期肯定是要吃亏的。即便是一个能力再强的管理者，不懂得如何运用绩效考核这一武器，也会闹很多笑话。因此，管理者必须要有一个企业的绩效团队，该团队人数不一定要很多，但是一定要分工明确，并且有一定的相关知识和经验，才能让企业少走弯路。

（2）没有考虑到员工的感受。管理者在做绩效考核的时候，很容易将员工的绩效目标制定得过高或者过低，从而影响员工的积极性。在考核操作的过程中，也很容易暴露管理者过于重视考核流程的保密，而忽视员工得知考核结果的权利这一缺陷。在很多企业家眼中，绩效管理是企业高层的"玩具"，不是被考核的员工能够参与进来的，这就导致了员工的感受被忽视，积极性大大降低，绩效考核的整体推行也必然受到阻碍。

（3）急于求成。管理者出于让企业快速建立起一套完善的绩效考核、绩效管理系统这一目的，往往在绩效考核的推行过程中显得非常激进。这一类企业往往都是需要绩效考核来帮助他们解决眼下的一些问题，所以贪功冒进也是能够理解的。问题就是，越是着急，绩效考核就越是建立不起来，最后的结果也就越不理想。正如前文所说，绩效考核的建立需要一个长期的过程，尤其是对于以前从未做过绩效的企业来说更是如此，无论是员工还是管理层，都需要有一个磨合、适应的过程。所以管理者切忌急于求成，否则就会造成很多细节被忽略，使得建立起的绩效考核模式具有无数潜在的漏洞。

2. 员工的个人问题也是影响绩效考核进程的一个重要因素

很多企业之所以没有办法将考核进行下去，最主要的原因就是员工的反对。试想一下，老板兴致勃勃地提出要在企业做绩效，台下所有员工一致反对，那么即便是老板强行实施，底下的员工也都是阳奉阴违，绩效考核自然就会半途流产。管理者要做的事情，就是将这种反对的可能性降到最低，也就是将考核的目标、内容、过程、结果尽量合理化，在考核员工的同时迎合员工。

（1）适应期。每个人对于新事物都有一个或长或短的适应期，员工对于绩效考核也是如此。在一些以前从来没有做过绩效的公司中，管理者突然提出来要做绩效考核，员工惊讶、不满甚至产生抵触心理都是正常的。老板要容忍员工的这段适应期，给他们充足的时间调整自己，所以业内都将绩效考核的适应期戏称为"任性期"或者"青春期"。

（2）能力。员工的能力不尽相同，有些人能够用一天时间完成别人需要一周来做的任务，有的人则是月绩效目标还没完成，别人的年度目标都完成了,这就是能力的差异。给能力不同的员工制定相同的考核目标,是一个不明智的选择。管理者必须根据人与人之间的能力差异,来制定绩效目标。

3. 企业的实际状况也是不容忽视的环节

企业在做绩效考核、绩效管理的时候,必须先明确这样一些观念:为什么要做绩效?怎么做?做绩效对于自己的企业有什么好处?能够帮助企业改进哪些缺点?做绩效的时候有可能遇到哪些障碍?考虑清楚这些,企业才能毫无顾虑地推行绩效,而不至于仅仅是做了无用功。

企业在进行绩效考核之前,必须想清楚本身是否适合做绩效。例如,有的小型企业仅仅有十几名员工,谁干得好、谁干得不好,老板自然是心知肚明,还有必要做绩效吗?还有的企业是做互联网网站开发、维护的,在做绩效的时候也没有具体的目标和测评标准。这两种企业,都没有必要花费大量的人力物力去跟风做绩效。

企业的制度与企业的发展息息相关,与绩效考核更是脱不开联系。可以说,绩效考核、绩效管理的每一个环节,都需要制度的支持。没有制度的支撑,绩效不可能推行下去;没有绩效的进一步推行,企业的制度也很难进一步完善,二者必须相辅相成,才能事半功倍。

4. 外界因素是一个潜在威胁,应当引起管理者的重视

有些企业在做绩效考核的时候,已经竭尽所能地将上述环节加以完善了,可是最终还是以失败告终,究其原因就是企业的绩效目标没有迎合市场需求。市场的需求永远应该摆在第一位,因此不论是企业制定的总体绩效目标,还是针对部门、员工的绩效目标,都应以满足市场需求为基准,

否则，只能说该企业是在做无用功。并且管理者要知道，你在做绩效考核，你的竞争对手同样在做，员工对于其他企业的绩效情况或多或少都会有一些了解，而在得知其他企业的绩效考核、绩效管理做得比自己的企业好的时候，难免会产生失望、懈怠的情绪。所以，企业要做的就是比员工更快地发现问题，解决问题，这样才能将很多外在的威胁扼杀在摇篮之中。

◎为什么员工的绩效考核总是习惯性"流产"？

我的一个学员曾经跟我抱怨：明明自己已经尽力去完善企业的绩效考核了，可是依旧会出现很多问题，其中最明显的就是员工的不配合。去年制定了年度考核的计划，绩效目标顺利下达，在这一年当中执行也没有出现太多问题，可是一到年底统计评分的时候，管理者都傻了眼——近九成的员工都没有完成绩效目标，任务目标的"流产"甚至已经成了家常便饭，员工都把不完成绩效当成了习惯，这到底是怎么回事？

答案只有一个，那就是他的绩效考核流程还是不够完善，执行的力度也远远不够，才会导致员工并没有把绩效考核的结果放在心上，自然就不会多么努力地去完成目标了。尤其是企业当中存在以下问题的话，很容易导致员工的绩效考核习惯性"流产"。

1. 管理者自己不把绩效考核当一回事

不少管理者，根本就没有把绩效管理和绩效考核放在心上，只把这项工作当成一个不得不去做的任务，或者是纯粹跟风。这样的企业，不可能做好绩效考核，管理者的态度必然也是不端正的。管理者态度松懈，就会使考核过程中出现执行力度不够强这种现象。上行下效，领导都是一副无所谓的样子，那么考核的结果在员工看来就更加无关紧要了，自然绝大多数人的绩效目标最终是无法完成的。

2．企业的制度不健全

没有规矩不能成方圆，制度永远是企业运作和人员管理方面的重中之重，没有制度的企业，是无法管理好自己的员工的，制度不合理的企业，在发展过程中也会存在多般掣肘。尤其是在绩效考核的过程中，一个行之有效、松紧合理的管理制度尤为重要。没有明确的考核制度，或者是考核制度不健全，就很容易无法或者过于约束员工的工作，又或是给员工指错路，使绩效考核步履维艰。反之，有了制度的约束，员工才会主动端正自己的态度，树立正确的考核观念，主动接受考核，接受企业的监督。

3．考核过程缺少监管

有的管理者认为，绩效考核只要制订合理的考核方案，并且在考核末期进行统计评分就可以了。其实不然，绩效考核的整个流程，并非单纯针对广大员工的，也是针对管理者的，是对管理者监管能力和统筹能力的一个考验。如果没有管理者的监督和管制，员工在漫长的考核期内就很容易出现懈怠。所以，缺少监管的绩效考核，并不能算做完整的绩效考核，无法约束广大员工从头至尾完成考核任务，也无法发挥出应有的作用。

4．绩效目标制定不合理

企业在设计绩效考核流程之前，最先要做的，就是制定各部门和员工的绩效目标，可以说，绩效目标是绩效考核的开端，更是绩效考核能否从头到尾贯彻完成的关键因素。目标制定过低，员工完成目标就没有太大的难度，从而产生懈怠心理，原本能做更多工作的员工，也变得不思进取；目标制定过高，也会让员工觉得那是不可能实现的任务，所以干脆就不去完成。这两种极端，都有可能导致员工的绩效考核流产。

5. 奖惩划分不明确

员工为什么会选择在你的企业工作？为什么会有努力和不努力之分？究其根本，绝大多数员工工作都是为了精神上和物质上的回报。企业做绩效的目的之一，就是发掘优秀员工，挑出不合格的员工。有的企业在奖惩制度上划分不明确，该奖励的不奖励、该惩罚的不惩罚，就容易导致员工失去工作动力，或者是工作压力过大，这些情况都是不利于企业绩效考核的长远发展的。

那么，管理者应该做些什么来约束员工的态度和行为，督促员工，从而使企业顺利完成绩效考核呢？

1. 明确奖惩制度

针对那些能够很好地完成绩效目标的员工，企业必须不吝自己的奖励，给予他们物质和精神奖励（口头/书面表扬、晋升、奖金、加薪、更好的福利等）。至于不合格的员工，管理者要进行批评和教育，对于屡教不改的甚至可以直接辞退。奖励是动力，惩罚是压力，当压力和动力结合起来，就成为员工工作持久力的源泉，也只有惩罚和奖励分明，才能让企业的绩效考核有始有终。

2. 拒绝虎头蛇尾，增强执行力

员工的考核流产，不仅仅是员工的原因，还有很多来自企业和管理者的问题，其中最为致命的，就是考核的执行力不够。所以，作为企业的管理者，必须加强自身的执行力，坚决推行绩效。管理者不能因为短时间内没有体现考核效果，就立刻消极放弃，而是更应该坚持贯彻绩效考核，才能在不远的将来看到它所能带来的好处。

3. 建立监管机制

企业的绩效考核想要实现，就少不了一个完整的监管体系。在这个体系中，每一个环节都扮演着监管者的角色，但是最重要的是管理者的监管。在某些企业中，还可以建立一个绩效监管团队，专门负责绩效考核的进度监督和员工管理。这个监管体系可以是由上至下的，也就是老板→监管团队（直属企业最高层）→中高层管理者→部门负责人→员工；也可以是由下向上的，即上面的顺序完全翻转过来，在有些时候也能起到很好的效果。

4. 建立合理的绩效目标

为防止员工无法完成绩效，就必须从源头做起，那就是绩效目标的建立。前文已经说过，绩效目标不论是制定得过高还是过低，对于员工的积极性、工作态度等都有着极大的影响。因此，绩效考核的管理者在建立目标的时候，必须先制定出企业的整体目标，再根据部门的职责和性质、各岗位员工的具体工作内容等，制定绩效目标。值得注意的是，这个目标并不是要正好卡在员工的能力范围内，否则虽然较为精确，却很难检测一个员工的真实水平和潜力。所以，绩效目标的制定，应该略微高于员工的可测工作能力，才能给他们一个提升的空间和努力的方向及动力。

5. 加强员工的培训

对于一些刚刚开始尝试绩效考核的企业来说，员工最大的问题是他们不适应这种相对严厉的管理模式，也不知道该如何应对。这就需要企业的管理者多费一些心思，聘请专门的培训人员和绩效从事人员（如果经验丰富，管理者也可自告奋勇授课）对员工进行培训。只有让员工了解绩效考核，明白考核是为了给他们提供更广阔的发展空间，才能积极去配合。

◎为什么完成任务却没有业绩？

不少管理者发现，自己的企业并不是没有能力做绩效考核，也不是没有能力去完成它，每当考核结果出来后，绝大多数员工和部门也都能优秀地通过考核，皆大欢喜。可是到了年底结算的时候，老板就不欢喜了——乍一看，员工们都很好地完成了自己的任务，可是企业的业绩怎么反而不如从前了呢？统计得出的数据总不会骗人吧？

百思不得其解之下，管理者只有从企业内部、员工、考核细节以及自身这几个方面去寻找问题。经过仔细推敲就会发现：并不是绩效考核不管用，也不是任务没完成，而是在一些细节方面出了毛病，这些毛病看起来都是小事，可发展到了最后，导致的结果就很有可能是致命的。

总体来说，这些问题可以分为两种类型，一种是主观问题，另一种就是客观因素的影响。主观问题，就是指管理者在制定绩效制度的时候有纰漏，存在目标不明确、员工不配合等内部问题。客观因素则包括市场变化的影响、客户需求、同行业竞争等，与企业的绩效考核没有直接关系，但能够直接影响企业的业绩。

不妨看一下你的企业是否存在以下六个问题呢。没有的话，就说明并不存在主观问题，企业的业绩完全是受到外界的影响；如果有，那么也不用太过担心，本小节的后半部分，将提供详细的解决办法。

1. 谎报军情，任务完成的"真"与"假"

很多绩效管理者在收集最后的统计信息的时候，工作流程很简单：将几个部门的负责人喊到办公室来，一个一个地询问"你的部门目标完成了没有"、"你的部门员工完成目标情况怎么样"。这样一来，有谁会说自己部门的坏话？又有谁会暴露自己带兵不力，属下没有完成任务？这就导致了管理者收集上来的信息显示与实际情况完全不符，把"假完成"当成了"真绩效"，企业当然没有业绩。

2. 绩效目标没有与企业自身挂钩，总体目标"跑偏"

有经验的管理者都知道，在制定绩效考核的其他环节之前，必然要先制定绩效目标。绩效目标同样有大有小，而为了保证绩效目标的制定不出现偏移，必须要按照由大到小的顺序来进行划分。因此，就要看企业的整体绩效目标了。比如一家进出口公司，其关键绩效指标（KPI，在后文会详细讨论）是进出口的份额，也就是贸易量，这通常是用数据表达的。那么，将总体目标制定为"出口量提高20%"、"安全事故发生率在0.1%以下"等，都是合理的。反之，如果他们将目标设定为"员工出勤率达98%以上"，就是一种目标的偏离了。

3. 绩效目标制定过低，不能满足发展需求

无论是企业的整体目标，还是分配到部门和个人的具体绩效目标，都应做到数量和质量的相对匹配。也就是说，如果企业的绩效目标都能完成，却令企业没有多少业绩的话，很有可能就是绩效目标制定低了，哪怕是全部完成，汇聚起来的业绩依旧不能满足企业发展的需求。这种情况在一些刚刚接触绩效考核的企业当中非常常见，管理者出于谨慎，制定目标时过于保守，就会导致这种情况的发生。

4. 对于绩效考核投入过大，得不偿失

为了解决一些迫在眉睫的难题，不少企业都愿意花费大量的时间和精力，用于建设绩效考核和绩效管理制度，甚至出现经费倾斜的现象。重视绩效考核是对的，但是放松企业其他关键环节的发展而一味地追求绩效，就显得有些舍本逐末了。这种对于绩效考核的过度投入，会使得企业的生产、运营等方面出现停滞。哪怕是这种倾斜能够帮助后期绩效考核顺利完成，而其他方面出现阻塞甚至是倒退，也会使得整体业绩下滑，对于企业来说，这是得不偿失的。

5. 时间积累是必要的，绩效考核正处在过渡期

有些企业自问考核过程中并没有出现上述问题，可是企业的业绩依旧没有得到提升，那么不用担心，出现这种情况可能仅仅是因为你的时间积累不够。绩效考核是一个长期实践的过程，一流企业中，没有哪家的绩效是一蹴而就的。无论是对于企业，还是对于员工，都需要经历一个不短的磨合期，也就是过渡期，来适应这种新的管理模式。因此，短时间内业绩

得不到提升，也是一种正常现象。

6. 绩效分配不够具体，任务不到位

在分配绩效的时候，经常会出现这样的问题：所有员工和部门的绩效目标都是一样的，不作具体划分，这种做法无疑是错误的。试想一下，财务部和生产部一个负责账本，一个操作机器，绩效能一样吗？销售员和仓库管理员的绩效内容也不尽相同。企业的绩效任务分配得大而空，就容易导致员工任务完成混乱，部门之间互踢皮球，最终导致业绩的难产。

为了避免完成任务后却没有绩效这种情况，企业该做些什么呢？

1. 怀着最严谨的态度去计算和统计

绩效考核后期的统计环节中，最重要的就是信息的收集和计算，在这一过程中，管理者必须抱有严谨的态度，公平公正地去评判每一个员工和部门，亲力亲为，才能保证信息的真实和有效，不至于连任务是否真正完成都无法区分。

2. 树立绩效大局观，纵览企业目标

企业整体目标的重要性是不言而喻的，因此对于管理者来说，不单单要做到会划分小目标，还要将大目标做好，树立起一个大局观，一切从企业的整体发展出发，才能保证企业的发展走向正确的方向。

3. 观察市场的走向

市场的变化、客户的需求往往是企业需要最优先考虑的问题，在做绩效考核的时候也是如此。企业的绩效目标,应该牢牢结合这两点,根据这些客观的外在因素进行微调,企业的利润源泉就有了保障。

4．控制考核预算,不能占用过多资源

绩效考核不能也不应该占据太多的资源,对于企业来说,想要顺利建立绩效考核制度,保持一个认真负责的态度最重要,而不是单纯地砸进大量的人力物力,否则很容易起到反效果,制约企业的发展。

5．绩效目标要有挑战性、前瞻性

正如前文所说,企业的绩效目标不能过高或者过低,保持一个比预估值略高的水平才是最合适的。这样一来,既能保证考核具有一定的挑战性,也能直接刺激企业的业绩进一步提高。

6．有度过关键期、磨合期的耐心与决心

管理者在做绩效考核的时候,切忌贪功冒进,要怀着将考核坚持到底的决心,以及打持久战的耐心,相信经过一段时间的有效磨合,企业终究会拥有一套属于自己的绩效考核制度。

第二节　卓越绩效管理与普通绩效管理模式有何不同

◎打破常规，灵活运用绩效管理小游戏

卓越的绩效管理模式与普通绩效管理模式之间有着很大的差异，普通绩效管理模式重点讲求的是企业领导与员工的关系，而卓越的绩效管理模式是一套完善的管理体系，领导与员工的关系只是其中的一种。这就对管理者提出了很高的要求：破除固有的思维模式，更加强调管理的灵活性。先给大家做个游戏。

这个游戏的规则很简单，就是一个考验回答的反应能力的题目，不要思考，把你的最初第一反应回馈给我。现在我们开始做这个游戏，首先，想象我站在你的面前，你看着我的拳头，它是紧握的。然后我伸出一根手指，我问你，这是几，你回答"1"，然后我又伸出一根手指问你是几，你回答"2"，我把手指头忽然伸到"3"，我问你"1+1等于几"，这个时候，你在不假思索的前提下，肯定会说"3"，可是等反应一会儿，你就会明白你错了，你被我"骗"了。很多人都会出现这样的情况，你可能会说是我把你的思维误导了。我可能是诱导因素，但关键还是在你，我所做的只是一些外界因素的诱惑，而你自己本身却是内因主导，出现这种情况的根本原因是常规固定的思维模式在作祟。再玩一个游戏，你在心里默念十遍"竹子、竹子、竹子……"，然后我立刻问你一个问题，"兔子最爱吃的东西是什么"，很多

人可能会不假思索地脱口而出"竹子",这种现象在心理学上叫做"苏格拉底现象",实际上是由于常规思维模式引导而导致的一种现象。

企业管理也是如此,很多企业管理者都有自己固定的一种管理模式。当管理模式慢慢形成之后,伴随着一定经验的积累,很多人都难以改变这种固有的管理模式。或者它曾经给你带来过良好的业绩,可是伴随着时间的发展,它可能会逐渐不适应不断变化的企业。所以作为管理者再用过去老套的管理方式来管理企业,就会出现各种各样的问题。只有打破陈规,不断地学习更新,企业才能发展。

我曾经为一家名为L的企业做过管理顾问,这是一家棉纺织机器的供应商,从2000年开始,企业快速发展,从原来的营业收入100万元迅速发展到500万元,但是到2005年企业开始停顿不前,甚至出现了倒退的现象。企业的管理负责人十分着急,于是通过多种渠道找到了我。

我仔细地分析了该企业的数据,并详细了解从2000年开始管理模式有何变化,我很好奇,究竟是什么原因导致L企业2000年开始业绩飞速发展,而从2005年开始业绩出现下滑了呢。经过多方对比研究,我终于发现了问题,在2000年的时候,L企业引进了一种西方高效的管理模式,这对于L企业来说无疑是如虎添翼,所以企业业绩在那些年飞速增长,一下子达到了500万元。而从2005年开始,随着企业不断发展,那套引进的管理体系出现了很多问题,与现在的管理情况很不相符。而L企业继续使用那套陈旧的管理模式,没有更新与变通,才导致业绩下滑。

了解到这些之后,我把原因详细地告诉了L企业的领导人,他说:"我之前一直认为这套管理模式是没有问题的,我从来没有想过原来管理制度也要与时俱进。"随后,我就在他们原有管理基础上对不合适的地方进行了修改，他们按照我重新制定的管理体系开始运作。从2007年开始业绩又大幅度回升，到2010年企业营业额突破2亿元，成为行业的领头企业。L企业的老板拉着我异常开心地对我说："企业管理真的需要灵活对待！"

从上述案例中，我们可以清楚地看到，企业的发展需要打破常规，不断学习引进新的管理模式，百分之百地去努力，这样才有实现跨越式发展的潜力。何为跨越式发展？所谓的跨越式发展就是在一定的时间内，通过对战略目标或者对企业管理方法的调整，在最短的时间内达到超乎寻常发展的一种现象。像案例中的L企业，通过努力在几年时间内业绩翻了3~4倍，这就是跨越式发展。

但是在很多情况下，人们常常会被固有的模式套住思维，视线就会变得狭隘，看不到企业中出现的问题，慢慢就会故步自封，企业很难发生从量变到质变的跨越式发展。所以作为企业的管理者，在管理上一定要灵活，必须突破被桎梏套牢的思想枷锁，改变惯用的常规思维模式，打破旧的教条主义和条条框框，多学习多接触，站在时代的前沿看企业的发展，跳出自我规划的圈圈，争取实现企业的飞跃发展，业绩的突飞猛进。

在这个过程中，你还需要注意一些问题：

1. 不要一味否定之前的方法，而是从中提炼出对今后发展有利的因素

不少学员在听到我说要打破常规思维的时候，就想要马上对企业进行天翻地覆的改革，其实没有这样做的必要，之前的管理方式之所以能够让企业有今天的成就，肯定有很多值得积累的经验，不妨将其提炼出来，带入今后工作中，而不是一味否定之前的管理方法，这也是提高管理效率的较好手段。

更重要的是，管理者应当在利用有效经验的基础上，对陈旧的方法进行改革，这是提升企业管理水平的有效途径。

2. 打破惯性思维的最好办法，就是保持"与时俱进"

我一直和学员强调说："你们应当打破思维的束缚。"可是，行业在不断发展，管理者到底要如何做，才算是拥有先进的绩效管理思维呢？

解决这个问题的答案很简单：管理者的方法要保持"与时俱进"。

不断进行市场调研和企业内部审查，是管理者全面了解企业内外环境的重要手段，在这个过程中会发现很多现象，这是掌握各方动态的好机会，管理者一定不能错过，透过这些现象，找到其背后蕴藏的规律，是管理者进行绩效管理改革的前提。

企业一旦能够突破惯性思维，就容易让更科学先进的管理方法做主导，从而以全新的面貌迎接更多挑战。此时，管理者看待问题的眼光同样很新颖独特，不仅会发现很多之前没有意识到的问题，还能以更客观的眼光看待员工绩效，这样一来，管理者能够更深层次地理解之后将要面对的"卓越绩效管理模式"，也就能够更清楚地区别开它与常规绩效管理之间的区别了。

我认为企业要想实现跨越式的发展，一定要有灵敏的嗅觉和快速的反应能力。马云在整个时代陷入一潭死水的时候，快速地嗅到了"互联网时代的来临"，创建了阿里巴巴和淘宝网站，让人们在家里就可以疯狂购物。创新学习、灵活管理，"人无我有，人有我精"，这便是现代企业应该去追求的。在管理方式上也是如此，既要学习又要灵活，这样高绩效的管理模式才能慢慢建立起来。

◎卓越绩效管理更强调价值与质量

先来看看什么是卓越绩效管理。卓越绩效管理是20世纪80年代后期创建的绩效管理模式，是从很多世界级企业的成功经验中获得的，它的核心思想是要强化组织的客户满意度和组织创新活动，从而获得卓越的经营绩效。

该模式之所以被大众广泛认可，就是因为其能够创造更多价值。这种绩效管理不单单是为了激发员工的工作热情，更重要的是提高企业整体管理质量，从这个角度说，卓越绩效管理是企业实现跨越式发展过程中必不可少的一部分。它在具体工作中，都有哪些体现呢？

1. 卓越绩效管理是以结果为导向，并重在为企业创造价值和利益

我曾对学员说，之前的绩效管理重在看员工是否具备足够的工作积极性，而卓越绩效管理，重在关注企业能否从中获得利润，也就是说，结果才最关键。

当管理者重视顾客满意程度、产品质量和服务、财务和市场、人力资源管理、组织效率、社会责任等方面的时候，会将其跟结果联系起来。企业的相关利益者有客户、股东、供应商、经销商、员工等，卓越绩效管理不是只关注其中一部分人，而是他们全部，只有全面顾及身边的利益相关者，才能让公司保持最高利润，因为企业的运作离不开他们。

既然是通过利益方创造价值，企业应当意识到，必须采取不同的方法将这些利益相关者聚拢到一起，使之成为一条有紧密联系的价值链。例如：

培养忠实的客户，从而实现组织绩效的成长；训练出高素质团队，而他们的进步才是企业进步的前提。在一个阶段后，企业会提出对未来形势的展望和下一步规划，在这个过程中，一直强调企业的绩效管理必须同目标相结合，在进行绩效管理的时候，时刻牢记企业的目标，制订计划的时候，一定要考虑清楚，这些规划对实现目标有没有好处。

2. 想要令卓越绩效管理有意义，必须按照计划完成目标

卓越绩效的意义在于，管理者的眼睛要盯着目标，才能让一切变得有意义。例如，某企业今年的营业目标是1000万，如何将任务有效地分给员工，并且激励他们完成，是管理者需要考虑的问题。

企业一般会制定目标计划，不妨将其看成阶段性目标，在这个过程中，需要管理者将绩效管理与日常计划结合起来，因为两者是互为利用和互补的关系。

卓越绩效管理之所以能够产生巨大效益，主要是源自于管理者将核心利益牢牢把握在手上，以客户为导向，重视员工的培训和发展，同时注重利益相关者的"利益"，从而将企业的资源得到更加充分的发挥。

卓越绩效管理中，基于企业的长远发展，企业不仅要着眼现在，还得放眼未来，很多工作的成效往往会在之后的几年中才体现出来，在这之前，管理者要做的，就是让每一名员工发挥出最好水平，然后制订出更加完美的计划。

A公司是一家成立于2000年的企业，主要生产高科技电子产品。企业成立初期，由于运用了最先进的技术，所以利润非常可观，随着竞争对手实力的增加，A企业的优势渐渐不明显了，甚至在某段时间内，业绩下滑了很多，负责人张总很头疼，这该如何是好呢？

后来，A企业引入了卓越绩效管理系统，才令公司发生了翻天覆地的变化。

根据当年制定的销售目标，企业将它们分成若干小部分，意在分阶段完成，这种将领导者想法分割开来的做法，能够帮助员工有效地认识工作内容，非常有利于团队工作。

既然有了任务，接下来就要分配任务，将工作分配给适合的人，才是正确的选择，这个过程需要人力资源部的倾力配合，同时策划出合理的组织架构，将优质资源合拢起来，形成完善有效的绩效管理模式。

之后的工作更加重要，管理者要"跟踪"员工的完成进度和质量，如何让员工更加高效地完成工作，需要企业制定出合理的激励办法。A公司不但完善了之前的奖惩制度，还新增加了考核范围。

当然，公司是以客户为导向的，必须在了解对方需求的前提下，将此看成创造业绩的目标，管理者衡量员工能力的重要指标也是他们是否能够完成客户的要求。

每隔一段时间，A公司的各级管理部门，就要对下属工作的完成情况进行评估分析，通过一套科学的评估方法，对员工之前的工作成果做出评价，看看他们是否符合要求。

自从A公司引进了卓越绩效管理模式，企业的各项工作就变得"有章可循"，随之而来的是企业效益的提高，营业利润也翻了好几倍。

可见，当企业使用卓越绩效管理模式后，便能找到有利于团队发展的可靠途径，与传统绩效管理相比，这种模式更具有先进性。以客户为导向的模式，将整个团队的工作积极性都带动起来，当员工的所有工作都在为客户服务的时候，就会在短时间内出现明显效果，而这正是对员工的最好激励。

卓越绩效管理的本质，是一种有效的评估方式，这是现代企业管理中特别需要的东西。

◎卓越绩效管理更强调可持续发展

要建立卓越的绩效管理模式，就离不开企业的长期钻研与建设，但事实上，很少有企业能做到将绩效管理进行到底——一些内部问题，始终是让管理者头疼的因素，也正是这些问题，使得绩效管理得不到好的结果。

还有一些因素，则完全是绩效管理者自己急功近利导致的，这些问题一旦出现，甚至比企业和员工本身带来的问题还要难以解决。正因为企业绩效的主导者是企业管理者，所以一旦出错，就会给绩效管理带来更加直接和更具破坏性的影响。

某企业推行绩效管理和绩效考核，这原本是一件好事，但是老板看到很多竞争对手都已经建立起来了自己的绩效管理制度，非常着急，便在绩效目标制定的会议上指出：我们的企业要在一年内建立起比别人都好的制度，让绩效管理充分为企业服务，管理和约束员工，创造更多的效益。

于是乎，绩效管理者根据老板的指示，制定出一套非常严格的考核制度——季度目标不合格者，处以警告处分；季度目标两次不合格的员工，减薪降职；年度绩效未达到的员工，做开除处理。

重压之下，员工们自然不敢有所保留，一个个拼命去达成绩效。到了年末结算的时候，老板和管理者脸上乐开了花：绝大多数员工都完成了绩效目标，企业的业绩直接拔高了30%。他们都认为，以这样的速度用不了几年企业便可以跻身同行业的领先队伍了。

出乎他们意料的是，第二年无论他们怎么约束，员工似乎都不在乎了，辞职的辞职，罢工的罢工，就像是算盘珠一样，推一下才动一下。就这样浑浑噩噩地过完一年，企业一年亏损了数百万。老板和管理者百思不得其解——明明去年做得很好啊，为什么今年就不能保持那种状态了呢？

可以说，这就是企业领导明显的决策失误导致的绩效流产。问题主要出在两个方面：

1. 管理者在制定绩效的时候，目标的确立没有遵循企业和员工的实际情况

绩效目标的制定是绩效管理和绩效考核的开端，也是决定其能否顺利完成的基础和前提。案例中的管理者在制定目标的时候就出现了这样的问题：目标制定迎合了企业和老板的需求，却没有考虑到员工的需求和真实能力。因此，若非使用特殊手段，在正常的情况下这种目标是很难完成的。

2. 管理者在绩效管理的实施过程中施加了太大的压力

管理者能够参与到员工绩效的监管中去，原本是一件好事，但是一旦有了太多的干预，反而会直接影响员工的绩效的达成。比如说有的员工原来一天能卖出十几份订单，绩效的管理者却一直在旁虎视眈眈地监督、拿个本子记录，员工能不紧张吗？这样一来，一天说不定只能卖七八份了，反而不如做绩效之前的水平。

总而言之，要想让企业的绩效管理"长治久安"，就要记住一句话：能够在推行绩效的同时，保持企业的发展动力，维护企业的发展源泉，才能让绩效管理持久地做下去，帮助企业实现持续盈利。

这种长久的发展模式，就是绩效管理的可持续发展。如果说国家的可持续发展政策，是针对自然环境的，那么企业的可持续发展，则是对于内部环境而言的。只有将企业的内部环境做到最好，绩效管理的推行所遭受到的阻力才能降至最低。

那么，管理者在执行过程中，应该如何确保绩效管理的可持续发展呢？

1. 及时调整目标，注重可持续性

目标设定之前，管理者就要加强与员工的交流和探讨，共同决定这个绩效目标的具体范围，只有这样，目标才能符合员工的工作能力，不会产生任何不良后果。反之，老板和管理者一意孤行，定下了不可能完成的任务，就会让员工失去对于自己、对于企业和领导的信心。

绩效目标设定后，也不意味着管理者就可以高枕无忧了。所谓的绩效管理的可持续发展，当中最重要的一个过程，就是"可持续"。而要做到"可持续"，企业就必须不断地进行自我发现和自我调整，不仅是企业目标可以调整，其他的一些具体步骤和流程也可以进行必要的优化。只有一个不断发现和不断完善的管理制度，才能促成一个相对完美、持续发展的绩效管理体系。

2. 建设"环境友好型企业"

营造良好的工作环境，也是管理者的责任之一。在一个舒适的工作环境当中，员工的工作必然是顺心愉悦的，人际关系也相对和谐，这样一来，员工工作效率自然就提高了，团队合作的水平也自然提升，有利于员工绩效目标的达成。

管理者要想让绩效管理一直在企业中存在，就不能给"环境"带来太大压力。如果制定出严格的制度，虽然会有一定的督促作用，可是在员工完成了阶段性目标之后，就会筋疲力尽，于是在下一阶段的工作中即便是想要发力，也会显得有些有气无力，效果便会远不如从前。所以，氛围相对轻松，对于员工来说，更加有利于他们发挥出持久的战斗力。

3. 维护管理者与员工的关系

在卓越绩效管理的体系当中，组成的主要人员就是管理者和员工这两大群体，这两大群体之间的关系，也深刻地体现出"水能载舟亦能覆舟"这句话。但是在这句话当中，"舟"并不是管理者，而是绩效为舟，员工为水。只有员工配合，企业的绩效管理才能顺利推行，所以管理者要做的是让员工理解绩效管理对于他们自己和企业的重要性，而不是单纯地去逼迫员工做事。

维护管理者与员工之间的和谐关系，要做到保持一定的管理亲和力。在员工出现问题时，管理者要表现出足够的关注和重视，并且积极地帮助员工解决问题，在必要时还可以组织一些培训、讲座之类的活动，主动与员工交流。当然，这还需要保持管理者和员工的上下级关系，才能保障绩效管理的顺利推进，不能因为过于强调亲和力而忽视了企业本身要做的事情——通过绩效管理获得业绩。

◎卓越绩效管理更强调责任的力量

想让企业的绩效考核和绩效管理变得更加完美，不是仅仅按部就班地根据流程操作就可以了，也不是通过规章制度来约束员工就可以的。制度能够管理员工的行为，却管不住他们的心态。

因此，企业在推行绩效管理的时候，必须强调责任的作用，让从老板到普通员工都树立起强烈的责任心和绩效意识，才能帮助企业的绩效管理真正做到卓越。

可以说，没有责任的企业，是不可能做好绩效管理的。

1. 没有责任就不可能有积极主动去完成工作的员工

有些时候，甚至连管理者自己制定绩效管理制度的时候都不上心，绩效管理就等于还没开始便已经失败了。

2. 责任在有些时候能够变成力量，化为新的利润增长点，帮助企业获得效益

比如有些时候，崇高的责任感完全能够被管理者上升到企业文化的高度，而这种企业文化，将在潜移默化中影响到员工，让他们觉得这是一个有责任心的企业，企业中的每一个同事都愿意尽自己最大的努力去完成企业和自己的目标。这样一来，所有员工都能将这种文化变为要求自己的力量，并以此进行自我督促。

3.在没有责任心的企业中,部门之间和员工之间的工作联系绝对是涣散的

试想一下,如果部门负责人都不愿意负责,遇到问题就互相踢皮球,那么企业的业绩能好吗?销售部卖不出产品,就抱怨宣传部宣传不到位,宣传部则责怪财务部没有拨给足够的经费……如此循环往复,不但问题解决不了,反而会加重企业的内部矛盾。

南京某冰箱制造厂就是一个很典型的例子,这是一则真实的案例。该冰箱厂成立于1970年,在2000年以前,它尚能凭借低廉的价格和良好的质量领跑全省的冰箱市场。然而2000年以后,同类型的竞争者越来越多,保鲜冰箱、双开门冰箱等新产品也开始抢占市场份额,导致该冰箱厂的销售状况每况愈下,连续五年亏损,终于在2008年面临倒闭。而在这一年,老板也终于狠下心进行改革,要搞好绩效管理,这是大势所趋。

老板请来了专业的绩效管理团队,制定了一套较为完善的绩效管理模式,并且将年度绩效目标下发给所有部门和员工,这才算是松了口气,等着年底通过考核数据来看企业的盈利状况是否有起色。

然而最终的结果却令老板大跌眼镜,惨不忍睹的亏损额已然达到天文数字。这让他感到不可思议:为什么明明管理的体系很科学,却还是出现这样的问题?追查之下,问题首先出在销售部,销售部一年内总共卖出不足十万台冰箱,比起同行的数十万、百万台而言,确实不堪入目。追问后,销售部经理却理直气壮地说:"别人广告做得风风火火的,自然卖得好,我们的广告客户看不见,谁买?这是宣传部做得不好。"宣传部经理却说:"我们的产品落后,是老式冰箱,当然卖不出去,即便做广告也没人看啊!这要怪就怪研发部。"老板又找到了研发部,研发部负责人又说:"财务部不

给钱,你让我们拿什么去研究新式冰箱?"财务部负责人又向老板大吐苦水:"老板,您不给钱,我拿什么拨款给研发部?"责任推来推去,最后居然推回到了老板头上,那么到底是谁的责任呢?

看起来谁都没有错,但实际上是谁都有错——与其花工夫踢皮球,责怪他人,倒不如自己多一份责任心,早一些发现问题,就能让问题更早地得以解决,而不是到最后才发现目标无法实现。

所以,企业中的每一个人都应该意识到,自己在企业中扮演的都是不可或缺的角色。虽然地位、待遇和职责有所不同,但是为企业盈利而努力的大方向却是相同的。只有将责任心贯彻了,才能劲往一处使。

下面就是细分企业各个角色所应当担负起的责任及具体内容。

1. 老板的责任

老板是企业绩效管理的开创者和决策者,是最先提出在企业推行绩效的,因此企业的卓越绩效管理模式,是以老板作为精神领袖的。老板的意志,完全可以通过管理者渗透给各部门和普通员工,并以此影响到绩效管理的进程。

身为绩效管理的推行者,老板必须做到坚定不移,让员工看到你的坚决。哪怕是在不知道自己的绩效管理路线是否正确时,也要先坚定地进行下去,等到一个阶段过后,再看取得了什么成效,并根据结果进行调整。老板不能在短时间内没有看到效果,就一声令下暂停绩效管理。相反,想让员工相信绩效管理,就必须自己先相信绩效管理是有用的。

2. 绩效管理团队的责任

绩效管理团队的组成,可以是以老板为主导,也可以是以人力资源部为主导，甚至可以是外聘的绩效管理专家。他们的主要任务是，站在一个专业的角度上给企业出谋划策，并根据各发展阶段给出科学的建设性意见。

管理团队的另一项责任，是监督绩效管理的进程。只有专业的团队，才了解绩效管理中可能出现的问题及应对方法，因为他们站的角度高，能从企业的角度纵观全局，并给出相应的应对方案。

3. 部门负责人的责任

毫不夸张地说，各部门的负责人是绩效管理的基层实践者，只有他们做好带头作用，才能使整个部门适应绩效管理的模式，汇聚起来，就能让企业的全体员工适应并接纳绩效管理。而这些，都需要部门负责人的亲力亲为。

监督本部门，是部门负责人应尽的责任之一。老板和其他领导毕竟站在公司全局的角度看问题，对于企业各部门的所有员工的绩效推行的具体情况并不一定完全了解。这就需要负责人时刻观察部门员工的工作能力、工作状态和绩效进度，及时上报给管理者，并积极研究解决方法。

4. 人力资源部的责任

对于绩效管理来说，人力资源部的作用是毋庸置疑的。但是，与传统的绩效管理不同的是，卓越绩效管理中，人力资源部要肩负起更多的责任。

然而，在现实中，人力资源部往往没有太多的精力同时负责企业的人事任免和变动问题，又主管企业的绩效管理。这时，人力资源部最应该做的，是总领绩效管理任务的方向，提出建设性意见，给出指导方针等工作。

5. 员工的责任

员工是企业绩效的最基层实施者，也是构成企业身体的一个个细胞。没有他们，企业的绩效目标不可能实现，所以，员工的责任感非常重要。员工必须脚踏实地去完成绩效目标，不浮躁、不懈怠，坚决履行上级交办的合理任务。

员工树立责任心，还应该积极参与反馈与交流，将自己的看法反映给领导，让他们知道自己真实的想法，这样领导才能根据员工的实际情况有针对性地对绩效管理模式进行有效的变革。

◎卓越绩效管理更强调系统整合与思考

世界著名化妆品品牌玫琳凯的创始人玫琳凯·艾施曾经说过这样一句话："一个公司的成功与否取决于人才，而人才能量的释放就取决于公司的绩效管理了。"从这句话中我们可以看出企业绩效管理在一个企业中的重要作用。很多企业家都能够敏锐地认识企业绩效管理的重要性，可是在绩效管理的执行过程当中还是会出现这样那样的问题，导致企业管理的过程"喜忧参半"。不少人更是对企业管理存在各种各样认识上的不足，好像企业管理真的到了"瓶颈"。

很多年之前，我被邀约给一家企业把脉，经过大量的数据与公司案例调查之后，我发现由于企业的观念比较落后，没有及时找到一套行之有效的企业管理模式，使得企业在各个环节上问题多多。具体问题如下：公司在年度大会制定目标的时候好像是在"喊口号"，这个目标与愿景并未真正到达员工的心坎上，员工只是抱着随便一听的心态，这就导致执行过程中"雷声大,雨点小";在考核的过程中,负责考核的人员经常充当"好好先生",或者只是凭借自己的喜好来给同事打分,这样的结果造成考核成绩完全没有意义;企业的员工由于对企业的愿景与目标了解不够透彻,在执行过程中,往往存在一种抵触情绪,认为企业的考核是在挑毛病,最终搞得怨声载道;人力资源部门看到员工的抵触情绪,认为考核的过程麻烦且并无实际意义,再加上在考核的过程当中缺少领导部门强有力的后盾支持,执行起来也只是草草地应付,同事之间的关系日趋紧张,业绩效率不高……

我只是想通过上面的例子,告诉大家一些我们在常规管理过程中出现的认识上的误区。卓越的绩效管理模式不等于绩效考核,绩效考核只是其中的一部分。如果把企业的绩效管理简单地等同于绩效考核,只是每日、每周、每月、每年进行绩效打分与绩效评判,不停地进行评选先进,惩罚落后,这种完全把绩效考核等同于绩效管理的行为,是企业管理的一种误区。而事实上,企业绩效管理模式是一种系统的考核体系,更强调对系统的整合与思考。如果只是片面地进行理解,那就是"一叶障目,不见泰山"了。

1. 绩效管理,不等同于简单的业绩考核

虽然企业是以营利为目的的团体,但是我们在考核过程中,也不能只看利润、成功率、成本、产量等这些结果性的指标,而忽视人才的个人素养、团队协作、企业文化等过程,这会造成人才的浪费。对人才的考核应当是多方面与全方位的,片面考核只会造成企业人才的流失。所以,我们应该用一套较为综合、全面的考核体系来对人才进行考核,如综合关键业绩指标(KPI)、过程、阶段性的目标(GS)和关键素质指标(KCI)等,避免人才考核过程中出现误差,导致企业丧失大量的人才。

2. 企业的管理需要不停地进行反思，反思最重要的就是沟通与交流

绩效管理需要全体员工的参与，无论是员工与员工之间、领导与员工之间还是领导与领导之间，都需要沟通来进行支撑。沟通可以在绩效管理的过程中减少很多麻烦。我们可以毫不夸张地说，沟通是绩效考核中最重要的一个环节，可以说是绩效考核的灵魂。绩效管理不仅仅是人力资源部门的事情，更是整个企业的事情，所以每个人都应主动参与进来，从管理层到每个员工都要积极主动地进行配合。高层管理者作为企业的领头人，要成为企业绩效管理坚强而有力的后盾，为绩效管理提供最完美的保障。而员工作为绩效管理的一个主体，要做到认同并理解上级制定的目标，并为目标的完成而不断地去努力创造，这样绩效管理才能做好。在下面的章节中我们会讲到一种叫做360度的考核方法，它把管理阶层、同事、下属、员工包括很多部门都纳入一个系统当中，对各个管理阶层进行多方的评价，所以说企业绩效管理强调的是一个整体性与完整性。

3. 对于绩效管理而言，最重要的是制订企业的绩效计划

一个完整的企业绩效管理，包括很多因素，如企业目标的制定、考核方式和工作内容的制定等，它不仅可以为企业考核制定一个完整的目标，在一定程度上也成为企业员工前进的方向与指明灯。而对于企业计划的制订者，最重要的无异是对企业目标的制定。企业目标的制定要多方进行考核，不能盲目制定。很多企业出现这样那样的问题，都是由于企业目标制定得不当而导致的。制定的目标过低，员工觉得没有挑战性，很快就完成了；而如果制定的目标过高，无论员工怎样努力都完成不了，这样就会严重挫伤员工的积极性。所以，企业目标的制定是一个技术活儿，无论制定得过高还是过低，都会出现问题。我们都知道，人才是企业发展的关键，但是从理论上来说，人才是属于整个社会的资源，他们可以随时离开公司。但是完善的企业绩效管理模式是属于公司的，是任何人都带不走的。企业建立一套完善的绩效管理模式，这种系统的体系可以让员工变得更加优秀，让企业变得更加完美，使企业在当今日趋激烈的社会竞争中立于不败之地。

◎卓越绩效管理更强调团队合作与学习

俗话说"众人拾柴火焰高"，形象生动地说出了团结与协作所带来的重要影响。卓越的绩效管理也是如此，它需要一个循序渐进的过程，同时也是一个慢慢学习的过程，不可能一口吃成一个大胖子，它需要时间来慢慢地融合与学习，同时，我们也要坚信一加上一的力量在使用得当的时候，其效果肯定事半功倍。

"单丝不成线，独木不成林"，这就是为什么在创造业绩的过程中要讲求团队合作的原因。因为一个人的力量毕竟是有限的，我们不可能把上亿元的销售目标分到一个人头上，这是不合理也是不可能完成的任务。所以，这才有了企业目标、部门目标和个人目标，简单来说，需要管理者把部门的大目标划分到团队的每个人身上，将目标分解。道理很简单，一个人想要100%达成目标，就要完成100%的任务量；如果一个团队想要100%达成目标，假设团队共10名员工，那么，平均每个人只要完成10%的任务量就可以了。所以，无论企业总体的绩效还是各部门的绩效，都需要所有员工一起努力配合才能高效、迅速达成目标。这就是企业团队协作所带来的巨大效益。

在一个管理良好的组织当中，企业有企业的大目标，部门有部门的目标，而每个员工又会有自己的目标，目标与目标之间存在着联系，每个人小目标的组合就是部门目标，各个部门之间的目标相加又是企业的总体目标。如果目标不进行划分，集中在一个人身上，会把人累死。下面给大家讲个例子。

在一次朋友的宴会上，我遇见过一个企业家。他知道我在做企业绩效管理之后，向我大吐苦水："老师，你说为什么我现在每天都感觉特别累呢？我现在有几千万的资产，可我每天要忙着开会、见客户、盯生产线、看数据、分析数据、找问题，真的好累，我已经很久没有跟我的家人一起好好吃顿饭了。在我的企业很小的时候，我以为等企业做大了我会变得简单一点，不会再那么辛苦，可是为什么现在会越做越累呢？老师，你能不能教给我一些企业管理的方法，让我觉得轻松一点。"

听完这些我开始问他："在你企业很小的时候，你每天在做些什么呢？"他想了一会儿回答："应该跟现在差不多吧，也是开会、见客户、盯生产线，基本没有什么变化，我一直很勤奋的。"说到这里，他大概以为我会表扬他一下，还故意强调了一下"勤奋"两个字。于是我开始反问他："你现在已经是一个企业的大老板了，你为什么还要亲力亲为地去做这些呢？是不是你的企业做得再大一点的时候，你还在做这些事情呢？作为一个企业的管理者，你现在首先要考虑的是你应该做些什么。"听完我的话，他开始沉思起来，大概很久之后，他对我说："老师，你帮我解决了一个很大的问题，我现在知道自己该怎样去做了。"

在很多企业都存在这样的一种现象，就是企业在做到一定规模之后，老板还是去参与每一件事情，这样的管理循环下去，只会让老板变得苦不堪言，感觉越来越累，压力越来越大。我可以很负责任地告诉大家一个数据，我国企业的存活年数一般是 2.9 年，与西方国家相差很多。世界 500 强企业中中国企业数量很少，知名品牌企业更少，造成这种现象的一个很大的原因是，企业管理者不懂得或者根本不会把企业目标进行分解，这就导致了企业事倍功半，效率极其低下。

企业要想摆脱这种情况，首先要改进的就是加强企业的学习，不断充实自己。企业要慢慢学习的东西有很多很多，要实现企业目标的制定与完成，就要做到人尽其职，这就是我们常常听到的"千斤重担人人挑，人人头上有目标"。其次是要制定企业目标并且想办法去实现。作为一个企业的老板，很多事情不必亲力亲为，要转移自己的视线，把重点放在企业目标的制定与划分上。只有做到这些，企业才能高效地运转起来，从而才能完成"不可能完成的任务"。

从企业的部门到企业的员工，每个人的身上都合理有效地划分到一些目标，这样就能做到化整为零，也不至于每个人所承担的目标过大。那么下面我们来思考一下，企业目标、部门目标与个人目标之间到底是一种什么关系呢？它们之间是先有企业目标还是先有个人目标呢？答案无疑是先有企业目标再有部门目标，最后才有个人目标。这是为什么呢？个人的目光是有限的，看不到市场的大环境，他不可能站在企业的位置上去考虑整个企业的发展。所以，如果让员工来制定目标的话，员工肯定会从自己的利益出发，每个人的利益点不同，这样做出来的目标肯定一塌糊涂，况且员工永远不知道自己的力量究竟有多大。给大家举个例子。

我曾经在课堂上让大家玩过这样一个游戏。我问我的学生，你觉得你10

秒钟用最快的速度拍手掌,能拍多少次。有的学生说9到15次,有的说20次,还有人说30次。我随机叫了那位说一下拍20次的学生起来拍掌,超出所有人想象的是他拍了100次。我看到所有人都瞪大了眼睛,他更是感到不可思议,他以为自己10秒最多可以拍20次,可是事实上他拍了100次。

这个案例形象地说明了企业目标的制定必须是由上到下,而不可能是由下到上。也就是说,先有企业的总目标,再有部门的分目标,最后有个人目标。明白了这些,如果员工认同企业的愿景与目标,那么当目标划分到员工的手上时,员工就要动用所有可以借鉴的资源,做好规划与分析,争取超额完成目标。企业目标制定之后,不仅是对企业的考验,更是对员工的一种考验。

第一章

卓越绩效依靠领导者活学活用

第一章
卓越绩效依靠领导者活学活用

第一节　一种模式，区别对待

◎ 不同员工要区别对待

不少管理者都这样认为：在做企业的绩效考核和绩效管理的时候，针对每位员工的标准都应该一致，才能最大程度保证考核和管理的公正性，只有所有人面对同样难度的考评，才能展示出公司部门及员工个体的突出或者是落后。

这样的做法其实并没有问题，也确实能够起到帮助管理者甄别员工好坏的作用。但是，一旦具体实施起来，就会给管理者带来另外一个难题，那就是员工的细分问题和具体对待问题。

某企业需要根据此次绩效考核的结果，解雇5名绩效不合格的员工，并奖励5名绩效优秀的员工。可是结果出来，有30名员工的绩效都不合格，20名员工绩效达到了优秀的标准，管理者又该怎么办？

这就是管理者没有将员工区别对待的结果。管理者在划分员工类型时，不能简单地将其分为合格和不合格两个部分，更不能针对所有员工制定相同的绩效目标，否则不仅不能起到应有的考核效果，还有可能导致公司绩效管理的混乱。

不区别对待员工，有很多坏处。例如，如果将绩效目标统一，工作态度认真、工作效率突出的优秀员工很容易就能达成，反而在达成目标之后无所事事。反之，这一目标对于一些态度不认真、工作能力差的员工来说，就非常艰难了，他们就会想，反正都是完成不了，还不如从开始就不去做。而且不将员工分类对待，在寻找奖励或惩罚对象的时候，往往定位不准，会导致公司的奖惩制度不明确。

相反，区别对待员工，能给企业的绩效管理带来很多好处。绝大部分员工的绩效目标能够实现，企业的战略目标自然就不难实现，所以对于不同的员工采取不同的考核模式，制定难度不同的绩效目标，能够帮助企业更好地实现该阶段的战略目标。

同时，区别对待也有利于对员工进行工作监督和心态监管，不同阶段、不同能力的员工，其需求和心理状态都处在不同的境地，管理者需要对其分别进行处理，才能让员工时刻保持在最佳工作状态，从而更好地达成绩效。

由此可见，在企业中实行绩效考核和绩效管理，并不是"一把抓"。而管理者想要真正做到区别对待员工，就必须先学会如何区别员工。

区别员工看起来很简单，仅仅需要将员工划分为差劲员工（不合格）、一般员工（合格）、优秀员工（优良）即可，但是这一个划分过程需要很多凭据，尤其是员工信息的收集方面，而不是仅仅依靠绩效考核。

绩效考核的最终得分，应当是以数据的方式呈现的，而不是单纯的合格与否，不然就很容易造成考核结果的混乱。以百分制为例，可以将员工的阶段得分按照从高到低的顺序排列下来，谁的结果出色、谁的工作不认真，自然一目了然。

1. 通过企业内部调查了解员工

大部分管理者，或者说是老板，对于自己的企业并不是非常了解，尤其是每一个员工的特长、缺点、工作方式和具体的工作职责等信息。如果这些信息不清楚,就谈不上划分、区别员工了,哪怕是有着考核评分也无济于事。这就需要管理者通过各种方式来了解自己的员工,其中一种办法就是进行内部调查,例如员工互评、个人小结等方式,就是一些很好的途径。管理者可以通过这种内部调查的方式,正面或侧面地了解自己的员工,从而为区别对待员工打好基础。

2. 管理者与员工直接交流

身为管理者,老板必须对于员工有一个或浅或深的了解,这就需要老板亲自与员工接触。一对一、一对多谈话,都是非常直接有效的方式。根据企业的规模而定,一些中小型企业完全可以采取管理者一对一找每个员工谈心的模式,对下属的能力、工作状态进行更为细致的判断,才能更好地划分员工。

既然划分出了三类员工,那么管理者该如何区别对待他们呢?

我的一个学员是这么做的。在他的电子产品加工公司里,将员工分为表现不佳的差劲员工、表现合格的一般员工和表现出色的优秀员工。针对差劲员工,要么开除或者降职减薪;对于一般员工,则是激励,并且许以更好的待遇(前提是更努力工作);对于优秀员工,除了精神上的表扬之外,还给予加薪、晋升等物质奖励。在绩效考核和绩效管理中,对于他的员工也都赋予了不同难度的绩效目标,例如生产部员工月绩效目标,生产数量从 5000 ~ 30000 件不等,生产合格率也从 95% ~ 100% 不等。

1. 对待差劲员工:警示中留有一线希望

对于业绩目标没有达成的员工,虽然管理者可以将其定位成差劲员工,但是并不能就此断绝他们的希望,也不能完全表示否定。因为有些员工并不是因为工作能力不足而导致业绩不突出,而是因为心态方面不重视或者是出现问题,才让业绩受到影响。对于这类员工,老板要予以适当警示,表明下阶段如果再不能完成目标的结果。与此同时,还要进行一些鼓励,给员工留有余地,他们才有可能改变自己,弥补错误。

2. 对待一般员工:亲和并且要求提升

刚刚能够达成绩效目标的员工,是合格的,对于这一点管理者要予以肯定,因为他们完成了自己的本职工作。对于这类员工工作中出现的些许不足之处,管理者要抱有理解和宽容的态度,他们有可能是受到一些生活上的影响,才没有更好地去完成绩效目标。同时,管理者还要对这一类员工进行激励,判断员工是否还有进步的空间。对于还能有所提高的员工,管理者可以许诺在其提高之后给予更高的待遇,并且指出员工提高的途径和办法。

3. 对待优秀员工:认可和鼓励

针对那些能够出色甚至是超额完成绩效目标的员工,管理者应该对其充分认可,进行私下和公开的表扬,不吝惜给予优秀员工奖金、晋升机会和更高的待遇。管理者还要鼓励他们,在下一阶段保持这种工作状态,并且争取做到更好,有时候,老板自己也可以给优秀员工设立一些他们力所能及的挑战,从而使优秀员工变得更加优秀。

◎ 隐藏在业绩背后的残酷现实

如果一个员工在工作上事事顺心，能够顺利完成本职工作，在绩效考核中达到优秀的评分，他自然是春风得意的。但是身为企业的管理者，更应该注意的反而是那些业绩糟糕或者是屡次打着"擦边球"的员工，他们可以说是企业发展的"摩擦力"，但是一旦改造好了，却又能成为无与伦比的"推进力"。

老板不重视那些业绩较差的员工，那么那些糟糕的业绩就有可能给员工自己乃至整个企业带来更大的坏处。因此，管理者必须要认识到问题的严峻性——业绩问题永远是最残酷也是最难以解决的，必须将其扼杀于萌芽状态，而不是任其发展。

因此，无论是员工个人还是企业管理者，都应警惕业绩问题的三大"恶果"：

1. 沟通的恶性循环

出现了问题，如果员工自己不说，不去与同事和老板交流，老板也不去探究，这样一来，就形成了一种沟通上的障碍，所有人都不愿意去发现问题和解决问题，就会导致原本不算严重的问题变得更加难以处理。业绩较差的员工对自己、对企业就会产生不满情绪，从而对于业绩问题不闻不问，自暴自弃。这就形成了一种恶性循环，失误越来越多，业绩也就越来越差。

2. 学习能力的丧失，失去自我提升的良机

业绩差，并不代表员工的能力、态度或者潜力差，这仅仅是一种阶段

性的成果不佳而已。但是一旦不加以重视，就会失去宝贵的时机，无法发现自己的错误，就更谈不上加以改进了。而这种自我反思、自我改进的能力，对于员工来说就是学习能力，错过了这种机会，很大程度上会影响员工的积极性，进而影响其未来的发展潜力，也就是遏制了他们提升的机会和空间。

3. 同样的错误重复出现

业绩不理想的背后，往往都是一个个错误造成的结果。而这些错误对于员工来说，是可以通过自我发现来解决的，也可以通过与管理者的沟通与帮助来处理。但是一旦将之忽视，员工根本就不知道自己业绩差的原因在哪儿，就不可避免地会在下一阶段的任务中出现同样的错误，从而让他们在工作中产生很多迷茫和犹豫，导致员工工作效率低下，工作热情受到严重打击。

针对这些严重的问题，管理者和员工该怎么做呢？

1. 了解自己，承认自己的糟糕业绩

业绩糟糕，一部分员工是没有意识到自己的问题出在哪里，另外一部分则是不愿意承认自己的差劲业绩。对于这两种员工，其毛病的根源在于没有形成有效的沟通。

（1）与员工多谈话。从管理者的角度来看，做绩效考核不仅要依靠制度和流程，更重要的是对于员工的关心，尤其是对于其工作状态的观察。平时就要做到与员工多谈话，了解其最新动态，一旦发现员工可能存在问题，更应及时与之进行交流。

（2）诱导员工发现问题。在交流的过程中，管理者不能将话题集中在业绩状况上，而是要引导员工，共同探讨为什么会出现这样糟糕的业绩，也就是发现问题。值得注意的是，这个发现的过程应当是以员工为主的，管理者在当中更多地是扮演一个引导者，这样一来，不但能够发现问题，也会让员工的印象更加深刻。

（3）更有担当。从员工自身的角度来说，除了要了解自己之外，更要勇于承认错误，敢于担负起业绩糟糕这一责任。只有做到了这一点，才能为接下来的工作状态、能力的调整打好基础。

2．仔细分析当前情况

员工对于自己，必须要有一个全方位的了解，而这一了解过程中，最为重要的就是对当前状况的分析。这个状况也就是状态，包括企业的工作环境、市场动态、客户需求等，但最主要的还是员工自身的状况，也就是心理状态、工作态度、工作能力、环境适应力等因素。

（1）通过交流找出优缺点。在这里的交流，更多的是指与同事之间的交流，也就是平级交流。只有与你共同工作的同事，才最了解你当前的工作状态。因此，要通过与之进行有效的交流，来发现自己的优缺点分别是什么，才能有机会充分发扬优点、改掉缺点。

（2）提出解决办法。光发现问题显然是不够的，针对状况分析，得出结论之后，接下来要做的就是提出解决方法。问题的解决方法应根据每个人的实际状况，进行有针对性地制定。比如某员工做事没有条理，那么接下来他的主要任务就是给自己制定一份工作日程表，并且努力按照规定的时间完成任务。

3. 制订具体的行动计划

有了前期的良好开端，接下来应该制订一个较为详细的行动计划。这一行动计划不一定要在短时间内发挥多大的作用，但一定要行之有效，方向必须准确。计划当中最重要的就是目标策划，目标内容务求具体，才能让员工有力可使。

（1）计算新的业绩目标。业绩糟糕，可能是因为上阶段的绩效目标高于员工的实际能力，所以在制定下阶段目标时，员工应该主动寻求管理者的帮助，来给自己计算一个新的目标。这一目标可能要略低于之前的，但是能够完成的实际性也要更强，反而有利于员工充分发挥应有的水平。

（2）推出一套新的衡量准则。在管理者的帮助下，员工要学会给自己定一份新的评价标准。

一个员工之前的业绩很差，是因为按照原有标准，他的岗位绩效是每月生产10000件产品，产品合格率在95%以上，达到这一标准才是合格。而该员工相对其他员工更加细心，合格率比很多同事都要高，生产速度却不如其他人。这时就可以适当加以改变，生产量可以降为8000件，而合格率提高为98%。这样一来，无形中就提高了员工和企业本身的业绩。

4. 建立完善的反馈系统

反馈系统是绩效考核系统的一个关键环节，在衡量员工优劣的过程中也起到非常重要的作用。通过反馈，管理者能够更好地知道员工想要的考核是什么样的，也能知道上阶段考核究竟起到了怎样的效果，因此该系统必不可少。

要求员工定期汇报。员工的汇报对于信息的收集是至关重要的，管理者通过这种类型的信息反馈，能有效地获悉员工的具体业绩，并通过数据反映出来，也只有得到了数据，才能分析出员工的业绩是好是坏，从而进行下一阶段的任务分配。

◎走出"卓越业绩"的囚笼

国外曾经做过一份关于上班族焦虑症情况的调查，调查结果显示：超过50%的企业员工会产生焦虑情绪，而这些焦虑人群中，每十个人中就有一个严重焦虑，甚至因此影响工作和生活。

有意思的是，相较于那些业绩糟糕的员工和普通员工，出现焦虑的往往是那些优秀员工。在人们的印象中，优秀员工往往能够很好地完成本职工作，业绩优异，发展前景好，应该很难与"焦虑"、"烦躁"、"抑郁"这些词汇沾边。但实际上，这些优秀员工通常承受着超乎想象的压力。

优秀员工的工作能力和工作态度当然是毋庸置疑的，也正因如此，他们才有着常人难以企及的卓越业绩。但也是这一原因，导致优秀的员工经常有一种莫名的恐惧感：害怕自己的地位不保，担心在下次的考核中被对手超越。在这种心态的驱使和暗示之下，就会让这些本来就很优秀的员工更加严格要求自己，没日没夜地工作以求更高的业绩。

对管理者来说，这看起来是一件好事，但实际上，时刻紧绷的弦总是容易断裂的，高强度工作会使得员工过度劳累，身心都受到很大的影响，而这一问题一旦变得严重起来，就会直接影响他们的工作状态乃至生活状态，失去原有的能量，得不偿失。

小王是某公司的销售员，平时热情工作，诚恳待人，业绩总是比别人高上许多，是公司每个月的"销售之星"。对于小王，公司的领导寄予了很大的期望，经常叮嘱他努力工作，保持状态，要给其他员工当好榜样。刚进公司的员工，也总是很崇拜小王，不时地向他请教一些销售上的窍门。在绩效考核中，老板经常拿小王的考核成绩作为样本，给其他员工"讲课"。可是时间长了，老板发现，小王的业绩下滑得很厉害，甚至当月连"销售之星"的称号都没能保持住。同事们也发现，小王的性格也变得闭塞很多，笑容变少了，不愿意与别人接触。

经过了解，老板发现，压在小王身上的担子实在是太重了：他不仅要保质保量地完成自己的本职工作，还要频繁地为其他员工传授经验，同时要担当企业的销售榜样，既担心被后来居上，也感觉工作和绩效目标越来越吃力，压力在无形中堆积，最终爆发出来，让小王整个人一下子垮了。

从上述案例中不难看出，压力过大的话，绩效考核反而可能给优秀员工带来严重的恶果。那么，到底是哪些原因容易导致优秀员工们患有严重的焦虑症呢？可以说，压力是来自多方面的，企业、上司、竞争对手、艰巨的任务，都有可能是潜在的影响因素。

1. 企业绩效考核过于严格

有的企业在考核过程中，注重制度对于员工行为的规范功能。也就是说，他们会利用一些制度来约束员工，要求他们完成自己的绩效目标。不得不说，制度要求是必需的，对于绩效考核的完成也非常有帮助。但是这种"法治"其实对于普通员工和差劲员工的约束力要更强一些，因为他们的工作能力和态度都需要通过制度这种外在的条件来予以扶正和提高。优秀员工则不同，他们本身就有着很强的约束力和自觉性，能积极主动地去完成绩效目标。

如果这时候企业还想一视同仁、用条条框框去过多地管理他们的工作的话，反而会给优秀员工施加过多的压力。

2. 给员工的压力过大

管理者在绩效考核和绩效管理的过程中，为了显示自己的执行力，经常将业绩挂在嘴边，并且以优秀员工作为榜样来鼓舞其他员工。但他们不知道的是，这一行为也会给身为"榜样"的优秀员工带来很多无形的压力。

对于这些压力，他们能做到的只有更加努力地去提高自己，提升业绩。而在这个提高的过程中，就很容易走上"歧途"，即给自己的压力过大而导致整个人的精神、工作状态的崩溃。

3. 优秀员工自我高要求

优秀员工的自觉性往往远高于普通员工，这既是好事，也是坏事。自觉性能让员工主动去完成工作，而不需要老板的再三叮嘱和制度的再三要求，大大提高了员工的工作效率，对于业绩的提升也是一大助力，这是优秀员工自我高要求、高标准的体现。

但是这种高要求一旦高出了一定的范围，就是毁灭性的。比如该员工的当月业绩是20万元（已经远超了标准的10万元），他在下个月给自己制定的目标就是50万元，整整提高了30万元。且不说他能不能完成这一目标，即便是能，那么完成之后也必定是元气大伤。

4. 工作环境的影响

工作环境看似并不是什么重要的因素，但实际上，也能够从某些方面严重影响员工的心态、能力和业绩。比如企业的人际关系、硬件设施等，都属于工作环境的范畴。

有的企业内部竞争非常激烈，优秀员工并不在少数，这就会出现一些员工拿绩效进行攀比等现象。有了这种现象，员工们出于各种心态，都会更加努力工作，而不至于落人口实。虽然这是老板所乐见的，但是这已经属于恶性竞争——为了业绩而工作的员工，已经不是优秀员工了，他们的提升空间和成长能力必定是有限的。

针对这些问题，以下三种解决方法，都能够很好地缓解优秀员工的压力，从而帮助他们发展得更加长远。

1. 营造一个相对宽松的考核环境

绩效考核的最终目的是要让企业获得更好的业绩，换句话说就是持续利润。那么，严格死板的考核环境永远不是企业所需要的。只有营造出一个相对宽松的、以人为本的考核系统，而不是单纯依靠死板的制度来约束人的行为，才能让员工缓解压力的同时更心甘情愿地投入到考核当中。

2. 树立良好的心态，合理利用危机感

对于员工来说，有危机感是好事，有压力才有动力。可是对于优秀员工来说，危机感过度则是有百害而无一利的。所以，员工应该树立一个良好的竞争心态，善于处理危机感，化压力为动力。

3. 将卓越业绩抛到一边

优秀员工不能坐在卓越绩效的老皇历上，也不能太把自己的卓越业绩当回事儿，否则，不但无法百尺竿头更进一步，连固守本来的水平都很困难。正确的心态是，完全抛开之前的优良绩效，把自己当成一名普通员工，凡事要求自己做到最好，只要将自己应有的能力和潜力发挥出来，不必苛求，说不定无意间能创造出更好的业绩。

对于企业来说，拥有多少能创造卓越业绩的员工并不是最重要的，重要的是，这种卓越业绩能够保持多久。所以，管理者必须珍惜手中的优秀员工和他们所能创造的优秀业绩，这才是企业真正的财富。

第二节　无论大小，重视每一次绩效结果

◎ **每个领导者的期望都很美好**

考过试的人都知道，在考试前的复习阶段，给自己定的目标是90分的人，往往能考到70～90分之间；而那些给自己的任务仅仅是及格的人，考试的结果却往往是低于60分的。从哲学上讲，这就是期望值与实际值的关系，即实际值往往是达不到期望值的。

在绩效考核中也是如此。

一个企业的管理者给予员工的期望值越高，员工的表现也就越好，哪怕是无法完全实现，至少也是非常接近期望值的。

然而，并不是仅仅设定了期望值，绩效目标就能够得以实现，也不意味着绩效考核和绩效管理就不需要管理者多费心思了。相反，期望是美好的，现实却是残酷的，很多企业往往设定了期望值，却大多最终无法完成。

导致管理者的期望值无法完成的原因主要有两点：

1. 期望值设定不合理

期望值，换句话说就是绩效目标，也就是老板给员工设置的必须完成的绩效指标。如果给员工的期望值过高，就容易导致员工无法完成，甚至连接近完成都很困难。在这种远超员工能力的状况下，员工根本不会有信心

去达成期望值，所以当中的很多人干脆就直接放弃了，使得很多原本能完成的任务都无法完成。期望值过低，也是企业的一大硬伤，管理者考虑到员工不一定能够在短时间内适应绩效考核，就干脆给出一个很低的期望值，这样一来，员工是能完成了，但是汇聚起来，企业应该达成的总体业绩又比往常要低，所造成的损失是无法估量的。

2. 实现过程缺少监管

期望值并不只是仅仅制定了就一定能够实现，就算你的目标制定得多么合理，没有人去实施的话，依旧是空口白话。所以，绩效管理的期望值必须有人监管，缺少监管的绩效不能称之为真正的绩效，因为当中的绝大多数都无法坚持到最后。员工的懈怠，管理者不管不问，再加上其他一些内在外在因素的影响，导致企业设定的期望值根本无法完成。

因此，对于企业的绩效考核和绩效管理来说，想要让这些期望值能够最大程度地实现，甚至是超额完成，不仅要求期望值设定合情合理，还需要管理者全程参与，脚踏实地去督促员工完成绩效目标。只有如此，期望才能逐步走向现实。

以下四点管理者必须做到，才能让企业的期望值不仅能规划得好看，做起来也能事半功倍。

1. 让你的员工参与到期望值（绩效目标）的设定中

管理者设定的期望值不一定就是员工的期望值，有可能管理者希望员工达到的绩效，超出了员工的实际工作能力，或者是远低于他们的水准，这两种极端情况无论是管理者还是员工自己都是不愿看到的。所以，管理者在制定期望值时，不妨让你的员工也参与进来，双方达成共识，除了让期望值设定更加合理之外，也能让制定过程有更多的视角和意见，节省大量时间。

将员工的目标与企业的目标结合起来。管理者要尝试给员工灌输这样一种理念：员工的业绩达成，企业就有了盈利，而企业有利润，员工能够享受到的福利和待遇自然就越好，因此，企业的利益与员工的利益是一体的，换句话说，企业的目标就是员工的目标。只有如此，员工才能将自己的期望值当成与企业共同完成的目标，工作起来也就有了更强劲的动力。

2．要关注期望值的合理性和可操作性

期望值的设定仅仅有着清晰的目标还不够，还要看到目标当中的合理性和可完成性。例如某企业的管理者给销售部的期望值是"本季度销量比同期增长50%"，就没有可操作性，因为没有给销售部指明达成期望值的方向，而且这也是一种不合理的设定，因为一般来说如果市场没有太大变化的话，是很难有如此大幅度的增长的。

在设定时，管理者不能让员工太轻松，但也不能让其时刻处在超负荷的状态。所以，期望值应该关注的是员工的能力和心态，要让员工时刻处在最佳工作状态，合理性和可操作性是必需的。

3．使用正确的方法来完成目标

有很多方法可以促进员工达成期望值，管理者应当选择出最适合企业的那一条路线。在选择方式方法的时候，首先要注意考虑员工的感受，即员工在思想上能否接受你指定的期望值，在实际能力上是否能达成期望值。

而在达成期望值的过程中，管理者还要注意及时给予员工必要的帮助，如解决心理问题和专业知识问题等，必要时可以通过组织培训、讲座等活动来给员工排忧解难。

收集员工反馈，与员工多做互动。管理者与员工的互动形式很多，最常见的就是鼓励、批评、培训这三大类型。管理者要学会在恰当的时候使用恰当的手段，才能刺激员工更加卖命地达成你的期望值。经常鼓励你的员工，对于他们的每一项工作都给予充分的认可；必要时要批评你的员工，让他们知道什么是该做的，什么是不该做的；培训员工也非常重要，不但有利于解决其专业知识方面的难题，还有利于员工综合素质的提高。

4．深入挖掘员工的工作动力

每个员工的工作动力都是不同的：物质、精神、人际、环境等，都有可能影响到一个人的工作状态和工作心理。这些动力是否能够得到满足和激发，决定了一个员工能投入多少心力到工作当中，对于管理者期望值的达成非常重要。

而管理者要做的，就是通过沟通了解员工的需求。对于有的人来说，金钱奖励、福利、晋升等物质奖励，能够让他们更加有干劲；有的员工则是希望得到他人的认可，自己的价值能够充分体现；还有些人，则是希望通过工作锻炼自己，不断提升自身能力。这些动力都是因人而异的，老板和管理者在制定期望值的时候，可以作为参考，所带来的结果必定是事半功倍。

◎ 建立、导入、推行阶段要做的事

对于一家力图建立绩效考核和绩效管理模式的企业来说,整个绩效系统的建设无非可以分为前、中、后三大阶段,前期主要包括建立和导入,中期则主要是绩效的推行阶段,后期是信息的收集、统计和计算,以及绩效的反馈等。

在整套系统当中,最重要的也是本小节的重点,就是前期和中期,即绩效的建立、导入和推行。做好这几个步骤,就等于给企业的绩效管理吃下了一颗定心丸,不仅打下了坚实的基础,为后期的工作做好准备,也使得整个绩效管理和绩效考核流程变得更加稳固,不容易因为一些内外在的原因导致绩效流产。

因此,我们在建立和导入阶段,需要将绩效系统进行具体而细致的划分,并且根据步骤,按阶段一件件去推行,才能让绩效管理和绩效考核在中后期有条不紊地开展。

1. 绩效的建立和导入阶段

绩效管理和绩效考核都需要有专门的管理者,因此,成立绩效专项小组是必需的。企业的老板和其他中高层领导中,并不是所有人都具备绩效管理的经验和能力,因此成立一个绩效小组势在必行。

小组成员应该是企业的管理者(老板、总经理或部门负责人均可),才能有一定的整体观和战略布局的能力,才可以将绩效与企业目标有效结合起来。绩效小组必须具备相关的管理经验和专业知识,如果企业是第一次做绩效管理,那么也可从外部聘请一些绩效培训专家协助企业建立管理团队。绩效小组的人员数量在4~8人为佳,根据企业的规模来定,切忌权力过分集中和权力泛滥。

(1)导入培训内容。绩效小组在建立过程中,会接受一些外部培训师、绩效课程等带来的管理经验和管理系统,通过学习,初步掌握相关知识。而这种知识的掌握,并不是自己心知肚明了就可以了,而是要进行导入,将该类信息传递给整个小组、老板、部门负责人乃至普通员工。即便是受到人力物力等条件的限制而导致培训内容无法完全导入,至少也应该将培训内容的整体精神、价值体系传递给整个企业,让企业的其他环节对绩效管理和绩效考核有一个初步的了解,才不会因突然到来的新模式致使企业的正常运作受到影响。

(2)提炼出企业的关键绩效。关键绩效即KPI,是企业制定绩效目标之前必须观察、检测和统计整理出来的,其主要作用是帮助企业整体、各部门、各工作岗位了解到其关键的绩效点在哪,也就是通过达成怎样的目标才能够实现业绩。这一内容在后文会有详细解释,在此不作赘述。在建立和导入阶段,管理者和绩效团队要做的就是提炼出企业的关键绩效——只有知道了关键绩效在哪里,在之后的目标制定中才会有更强的方向性,而不至于出现目标的偏差。

(3)将关键绩效分解到部门和员工岗位。企业的整体目标与部门和员工的绩效目标是一个"总—分"的关系,关键绩效也是如此。例如,企业的销售额划分到部门,就成了销售部的销售额,企业的品牌价值和形象建设划分下去就成了宣传部门的主要工作。关键绩效逐级向下分解的过程,就是一个任务委派和发放的过程,其核心目标就是让指标值变得有据可依,每个部门、每个员工都知道自己在下阶段应该做些什么，通过何种手段去实现目标。

（4）收集历史数据。有的企业只重视当前的绩效管理和绩效考核能否顺利执行，而不注重各阶段绩效数据的收集。这些历史数据对于企业的绩效管理模式的建立来说，具有非常重要的指导作用。企业可以通过数据，得知上阶段企业的业绩如何，好在哪里，哪里又拖了整个企业的后腿。只有发现了这些数据透漏出的现实情况，管理者才能知道哪些是应该得到保持和发扬的，哪些则是需要改进的。

（5）企业中高层管理考核。对于企业的绩效推行来说，前期的"实验"是极为必要的。只有通过实践的检验，管理者才能知道当前的模式存在哪些不足，了解这种类型的管理模式和考核模式在企业中实行有多少的可达成度。然而如果将管理和考核的范围直接定位在员工方面，那就与直接推行没有差别了。所以考核一般都是针对企业的中高层管理者的。绩效团队制定的考核分为试考和实考两种类型，即在通过试考后才会真正对管理者们进行时效考核。考核方式多样，包括关键绩效指标（KPI）、关键工作任务指标（GS）、态度能力指标（KCI）等，都是行之有效的考核手段。

（6）推行到具体岗位。这是最关键的一个步骤，如果做好了，员工配合，没有太大的排斥，那么无异于给绩效管理和绩效考核开了个好头。所以，企业在结合关键绩效后整理和制定出最终的绩效目标，要在短时间内推行到各具体岗位上，只有这样，才能实现绩效的初步分配。值得注意的是，这个推行，必须要与员工的薪酬制度紧密结合，也就是告知员工：能够出色地完成这些绩效，必将得到物质和精神上的奖励，薪酬也会进一步提高。比如现在非常流行的"底薪+奖金"的薪酬制度,就是标准的"低底薪,高提成",只有出色地完成绩效目标的员工,才能享受更高的待遇。这种手段,无疑极大地激发了员工的工作动力。

2．推行企业绩效管理及考核的整体常态化

（1）通过会议制度来扶持推行过程。如果说有一种方法能够最大程度地保证绩效管理和绩效考核的推行,那么就肯定是企业的例会了。企业通过召开日清会议、周例会、月例会、年会等周期不同的会议,来进一步宣传企业的绩效管理和绩效考核,向广大管理者、部门负责人和员工展示最新的绩效动态,并且通过该动态,找出其中的问题和亮点,鼓舞员工坚持下去,才能帮助企业的绩效管理坚持到底。换句话说,建立起一个完善的会议制度,对于企业及时查漏补缺是非常必要的。

（2）建立绩效管理的推行时间表。绩效管理和绩效考核的推行,哪怕有着再详细的制定过程和结果,没有一个合理的时间安排就等于是空谈。比如一个企业规定一年内初步建立绩效考核系统,也将目标制定、任务分派等环节考虑得非常周到,但是着手执行时,却发现有很多工作并不是企业的能力跟不上,而是根本没时间去做,即便有,也一定是前后不分、侧重点有严重偏差的。绩效目标的建立非常重要,哪怕是花一个月也不算什么,但是如果单单是绩效小组的建立就花了一个月,就让人有些难以理解了。

所以,为了进行有效的时间管理,企业必须制定一份绩效推行时间表,来对企业的时间进行合理规划。一般来说,表上的内容包括步骤、工作内容、时间、主讲人、参与人等因素,并根据步骤的不同分别填写内容。如"企业的战略部署会议"这一项工作，主讲人就可以是企业的老板、总经理等高层领导，参与人可以是绩效小组，也可以是部门负责人甚至普通员工等。只有将时间进行紧密的规划，才能让管理者有更多的时间和精力去处理其他方面的问题。

◎绩效管理，不只是人力资源部的事

绩效管理换句话说，就是对于员工业绩的管理，即人的管理。也正是出于这一概念，很多管理者就认为，既然是人员的管理，那么绩效管理就应该归属于人力资源部负责，由人力资源部主导便可。

由人力资源部整体主导绩效管理其实并没有错。人力资源部，顾名思义，就是负责管理企业人事工作的，包括员工的招聘、任命、晋升、降职、调动、考评、开除等活动，都是由人力资源部主导或执行的。

但是，很多因素都决定了人力资源部绝对不能作为绩效管理的唯一主导，因为其自身的部门职责与绩效管理并不存在过多的交集。绩效管理是一个系统，而不是一项简单的工作，建立这一系统，并不是简单地发挥一个部门的职能就能解决的。

1. 人力资源部并不是全能的

任何一个个人或者团体，精力都是有限的，即便是人力资源部要参与到企业整体的绩效管理和绩效考核当中，也不能充当主要角色或者是主导者，正是因为人力资源部原本就要负责企业的整体运营、员工管理和人事调动等，工作本来就是整个企业最繁杂的部门之一。如果这时候再将绩效管理和绩效考核这一重担压在人力资源部的肩膀上,那么即便是部门负责人能力再强、下属员工再精干,也将会不堪重负。

2. 不具备专业的绩效管理经验和人员

人力资源部,也仅仅是企业的常规部门之一,管理的事务属于"杂项",都是日常工作,不需要太多的绩效管理专业知识。而无论是绩效管理还是绩效考核,对于参与者和主导者的专业素养和技能的要求都非常高。绩效管理的主导者,要有着非凡的责任心和管理能力,对于员工的状态要进行时刻监管。同时,绩效主导人还要具备一定的专业知识,绩效小组也应该有一定的绩效管理和考核的经验,才能在推行绩效的时候尽可能减少阻力。这些都决定了,在人力资源部不具备专业素质和经验的情况下,绩效管理并不能以其为主导。

3. 权力不能过于集中于一个部门

自古以来,就讲究分权与制衡,在如今的企业当中也是如此。老板将权力下放,是放给所有管理者的。如果仅仅集中在一个部门,那么该部门就很容易养成妄自尊大、不屑与其他部门配合工作等现象。更何况对于企业至关重要的绩效管理,甚至可以说是掌握着员工和企业的"生杀大权",怎么可以让一个部门负责呢?如果这种权力集中起来,就很容易在考核和管理中出现徇私舞弊、行贿受贿等不良现象,严重阻碍绩效的推行进程。

4. 绩效管理是整个企业的事情

企业做绩效管理和绩效考核,老板不能把任务抛给人力资源部就简单完事了。这不单是人力资源部能否完成的问题，而是一种概念上的错误。绩效管理是一个贯穿整个企业运营的工作，这就意味着绩效管理的参与者是整个企业的全体成员，上至老板，下至普通员工，当然也包括人力资源部。而没有这些人的配合和理解，企业的绩效不可能推行下去，因此，也可以说是整个企业都是绩效的主导者。

既然绩效管理和绩效考核不能仅仅当作人力资源部的事情，那么人力资源部到底扮演什么样的角色呢？

1. 员工管理制度的制定者

人力资源部门负责企业人事变动的相关工作，即便这些只是企业的日常工作，也还是需要规章制度来明文规定，人力资源部的管理工作才能变得有据可依，有法可凭。尤其是在推行绩效管理的企业中，人力资源部制定的制度就更重要了。虽说绩效主要靠人力的监察和疏导，但是必要的制度也是能够起到帮助作用的。人力资源部负责制定这类制度，需要具备其基本特征"人员管理"和"绩效管理"这两大特点，才能符合企业的需求。

2. 绩效管理的辅助者

绩效管理的建立、导入和常态化阶段，都需要持之以恒的监督和管理，才能保证不出现错误，或者是出现错误后能及时发现并纠正。这时候，就需要人力资源部发挥作用了。人力资源部门虽然不能作为企业绩效的唯一依靠，但是起到的作用还是非常重要的，因为它的其中一项职能就是对于员工的监管。这样一来，人力资源部对于企业的绩效就能够起到很好的辅助作用。

3. 日常运营的维护者

企业初次尝试建立绩效体系，在进行绩效管理和绩效考核的推行中，难免工作重心会发生一些偏移。这种偏移的幅度或许不会太大，但是对于企业的日常运营或多或少会有一些影响。

例如，财务部要抽出时间来做一份绩效推行的预算，并且花费不少的精力去做绩效的信息收集和统计报告。这些都使得人力资源部在这一过程中要主动承担更多的工作，通过人员管理、员工培训等职能，来维护企业日常工作的稳定。

为了避免"过度使用"和"错误使用"人力资源部门，就要明确绩效管理的责任分工，让企业中的每一个人或者部门，知道自己该做什么，应该承担怎样的工作和责任。

1. 明确参与者

明确哪些人参与到企业的绩效管理中是非常重要的，因为只有这样，绩效管理才能有一个良好的开端，不至于错误地仅仅认为人力资源部才是绩效的唯一参与者。参与者包括老板、中高层管理者、部门负责人、普通员工等，要牢记的是，参与者必须是整个企业的全体人员，甚至清洁工、保安等都应该包括。

2. 充分发挥老板在企业绩效管理中的领导作用

老板是全面组织者和推动者，因为他想要通过绩效管理和绩效考核来帮助企业解决问题，获得效益。这就决定了老板本人必须是绩效的坚定支持者，并且督促全体员工贯彻落实绩效制度。

3. 各部门负责人是绩效管理的重要组成

可以说，部门负责人是绩效的基层管理者，负责管理部门的下属员工，要求员工完成绩效。也就是说，部门负责人在绩效考核和绩效管理中具有重要的作用，是实践者和执行者，更是各部门绩效推行的第一责任人。因此，部门负责人要更有担当，树立大局观，具备更多的知识和技能。

4. 合理利用人力资源部的能力

不能仅仅依赖人力资源部，并不是说就不能利用人力资源部来为绩效管理服务。相反，人力资源部要尝试在绩效管理和绩效考核中扮演一个更为重要的角色——虽不是主导者，但胜似主导者。合理利用其职权，处理能力范围内一切与绩效有关的工作，对于人力资源部自身的职责是一种很好的履行，对于企业绩效的推行也能够起到强大的推动力。

◎ 坚定不移，相信你的管理模式

一套行之有效的绩效管理模式，并不是一朝一夕就能够确立的。这一点，只要看看那些已经建立起优秀的绩效管理模式的企业就知道了。

我的一个学员在杭州开办了一家服装生产和贸易公司，在他的努力下，该企业在很短的时间内，就实现了数千万元的纯利润收入。当然，除了个人的能力以及市场的需求之外，这与他的绩效管理模式是分不开的。在一开始接触绩效管理的时候，他就制定了一套相对完善的绩效管理和绩效考核模式，企业内部有着明确的分工，绩效目标的制定也能结合市场和企业自身的实际状况，分别下达给各部门和各工作岗位，同时很注重绩效管理的推行和具体落实，在一个阶段的目标完成后，还会收集信息和反馈，并根据绩效完成状况来进行下一阶段的调整。

刚开始，他的绩效管理似乎并没有起太大的作用，企业的业绩增长也不是特别明显，甚至在几个月内还呈现下滑趋势。可是他并没有因此放弃绩效管理，反而更坚定了推行绩效的信念。果不其然，在接下来的半年内，企业的绩效不断好转，逐步提升，企业的近千名员工也在该模式下工作得井井有条。

由此不难看出，要想成功地推行绩效管理，不仅要走对路子，还要学会坚持，坚信自己的管理模式是科学的、正确的，时间久了，才能够看出绩效管理的真正效果——一套经过长期实践的模式才是完善的，才能发挥出应有的威力。

为什么管理者应当坚持自己的绩效管理模式呢？

1. 企业的员工和运营需要一个适应期来进行自我调整

之前我已经多次提起，企业的绩效推行并不是一朝一夕的事情，需要管理者厉兵秣马，经过长期的努力和实践进行不断调整和完善才能实现。而且对于员工来说，并不是每一个新模式他们都愿意花费大量的精力去适应，即便是老板强制推行，他们也需要一个适应期进行自我调整。企业本身也是如此，要将其日常运营的所有环节与绩效管理联系起来，也不是一件容易的事。所以，前期一个阶段性持续的工作，是非常必要的。只有经过前期一段时间的推行，才能让员工和企业适应这种类型的管理模式。

2. 如果命令经常发生改变，会让企业出现混乱

在员工的印象中，一个果断、有坚持的老板，能够让他们得到无与伦

比的信心，反之，一个优柔寡断、经常改变想法的上司，就会让他们觉得很没有安全感，乃至人人自危。在绩效管理和考核的推行阶段，管理者更改一两次命令并不会影响其威信，员工执行起来也不会有迟疑，但是一旦次数多了，员工就会怀疑：这家企业到底有没有能力做绩效？我们的老板到底想让我们做什么？这样一来，员工的工作混乱就会导致企业各方面运作出现问题，从而影响正常运作，影响绩效。

3. 绩效管理和考核中的问题不是短时间能发现的

企业绩效管理中，必然会存在很多或大或小的问题，这些问题有些是直接而明显的，管理者可以通过观察进行判断和排除，但是有些问题就不是单单靠观察就能发现的。这些问题或许是企业本身存在的，或许是员工导致的，总之都是需要长期的实际运作才能够被发现。所以，一段时间的执行和运转是必不可少的。

总而言之，企业的绩效必须经过一段时间的推行，哪怕是途中受到的阻力再大，也是如此。另外，企业的绩效管理推行不仅仅能够帮助企业发现问题和解决问题，也能帮助员工树立一种信心，那就是自己的老板永远都是对的，企业推行绩效也绝对是一个明智的选择。那么，企业又应该如何坚持落实自己的绩效管理模式呢？

1. 坚信自己是正确的

身为老板，身为管理者，身为企业绩效的全面推行者和倡导者，想要让绩效管理和考核真正深入人心，他首先要做的就是进行"自我催眠"。这种自我催眠完全是良性的，即要让自己相信自己推行绩效是一个正确的决定，相信在自己的企业中绩效管理模式一定能够成功建立。只有通过这种信心，才能感染到企业的员工，从而让企业的绩效更加顺利地落实下去，实现真正意义上的成功。

2. 推行，无论是对是错

有很多企业家就会有这样的疑问：坚持自己的理念是没有错，但是万一自己所坚持的东西是错误的呢？万一绩效管理错漏百出呢？自己难道还要一条道走到黑？而实际上，我给出的答案依旧是肯定的。没错，即便是当前的绩效管理模式存在很多问题，企业依旧要将这套模式狠心地推行下去，坚持三个月到半年的时间。这是一段比较理想的时间，推行时间低于三个月，看不出绩效管理的效果和一些隐藏较深的纰漏，时间超过半年，那么就不是适应期了，而是员工完全适应了这套不健全的路子，日后反而不容易再作调整，容易将错就错。到了自我调整阶段，企业再将这些问题汇总起来，加以统计和改进，就很容易得出一套较为完善的绩效管理体系了。

3. 获得员工的信任和认可

员工的认可对于绩效的推行来说是非常重要的，如果员工都产生抵触心理，那么基本上就宣告了绩效的失败。所以，管理者在这一坚持的过程中，应当尽量试着得到员工的信任。管理者可以通过与员工沟通交流、培训员工、建立奖惩制度等方式，来让员工主动去了解企业的绩效模式。千万不能忘记的是，员工的意见对于绩效管理模式的建立和完善也具有很大的作用——他们往往能更加直接地发现一些问题，并提给管理者，便于后期改进工作的开展。只有员工信任了，才会配合你的工作，在适应期结束后，也更能掌握绩效管理的精髓,哪怕是一些条条框框发生更替,也能更快地进行自我调整。

因此,持之以恒,与绩效"不死不休",才是绩效管理模式推行初期的最好方法,也能够让企业的中后期工作少走很多弯路。

第三节　管理，是为了挖掘绩效最大价值

◎如何才能多一点绩效，少一点苦痛？

绩效考核仅仅是一种工具，用来衡量企业和员工真实的工作状态和工作水平。可是一旦管理者将绩效考核的工具性给无限扩大化，就很容易在强调业绩的同时，给员工带来巨大的痛苦。

相较于一些有着出众的工作能力，却又不愿付出努力的员工来说，其实很多员工不是不愿意完成绩效，而是的确受到一些因素的干扰，导致他们无法完成任务目标。

有的员工确实是能力有限，尽管发展和提升的空间很大，但是短时间内依旧无法做到与其他人一样好。还有的员工是因为家庭、感情、人际关系或者生活等方面的因素影响，导致他们不能全身心地投入到工作当中，从而影响他们的业绩。

对于这些员工，管理者应该少一份苛责，多一份关心和帮助。而对于管理者来说，要想从绩效管理和绩效考核的角度出发，来给予员工帮助，减少他们的痛苦，唯一能做到也是最应该做到的，就是将企业的绩效管理和绩效考核制度与模式变得更加灵活，也就是我们常说的科学化和人性化。

我在2008年带过的一批学员中，有一位王先生，他在很早以前就自己开办公司，也尝试过多次推行绩效管理，但是最终都以失败告终。他就问我：

"老师，我也花费很大的代价去建立绩效管理和绩效考核模式，花了不少钱聘请专业人员给我们定目标、搞培训、作指导，绩效管理是有了，可是就是迟迟不见效果，这是怎么回事？"

我仔细询问了他推行绩效的工作，得知他所谓的推行绩效，就是对员工高要求、高压力，给员工定下的目标必须完成，完成不了就得走人。他认为，只要员工完成了规定的绩效指标，那么企业自然是可以盈利的。

理论上确实如此，但实际操作中就不一样了。我跟他说："员工是人，而不是机器，你用一些计算出的东西来制定目标和制度，去约束员工，如果这个过程体现不了你的态度，没有你对员工成长的关心，没有你对绩效目标达成的过程的关心，那么失败将是必然的。这样下去，没有人会按照你规定的路线走，哪怕员工换了一批又一批，结果都将是一样的。"

这就是死板的绩效模式带来的坏处。

1. 没有人性化，员工缺乏工作热情

毫不夸张地说，企业是由员工构成的，员工就是维持企业正常运转的一个个"细胞"，没有他们，哪怕企业其他方面再完善都是无用的。过于重视绩效管理的制度建设的企业，往往都将以失败告终，就是因为制度是死的，而人是活的。他们用制度来约束员工，勒令员工去做这做那，那么即便员工心不甘、情不愿地去做了，也必然不会用心去做，时间长了，还很容易产生明显的抵触心理，从而严重影响绩效的推行，甚至影响企业的效益。比如说，一家企业的制度上明确指出，生产部员工每月要生产10万件以上的产品，那么员工带着糊弄的心态去工作，即使是数量上达标了，产品质量上也必然是惨不忍睹的。

2. 严格的制度减少员工的持续工作能力

企业之所以去做绩效,就是要让企业能够实现持续性的利润增长。而一些企业利用严格的规章制度、超高的工作标准去约束员工,那么员工即便真的是尽心尽力去工作,在阶段性的工作完成后,也肯定是劳心劳力、元气大伤。这对于员工的持续战斗力的发挥,无疑是极其不利的。就算是企业在员工完成阶段性任务后,给予一定的修养和调整时间,老板也不妨稍微计算一下:究竟是让员工持续工作对于企业的好处大,还是这种干干停停的模式利润高?答案是显而易见的。大幅度消耗员工的精力绝对是一种不明智的选择,即使是古代帝王,也知道合理地使用民力,而不是一次将其抽干,导致后期发展的空虚和无力。

3. 企业整体效益提高不了

绩效不达标的员工都有着一个共同的心态,那就是自暴自弃。如果这时候管理者不能给予一定的疏导和教育,反而是变本加厉地要求员工做事,就很容易让这种不良心态爆发出来。这种消极的心态,在很大程度上会影响其他员工,那些原本没有这种想法的员工就很容易被"传染"。在这种裂变式增长的情况下,企业不愿意干活的员工越来越多,最终就会导致企业整体效益的下滑,严重者,会危及企业的生存和发展,更别提创造更多的业绩了。

那么,管理者该如何合理地规划企业的绩效制度,才能减少员工的痛苦,并且将绩效管理的作用发挥到最大呢?

1. 管理者要明确绩效管理和绩效考核的三大要素

这三大要素无非就是考核时间、绩效内容和实施手段。只有这三点都能做到最好，才能保证企业的绩效管理真正做到相对完善，员工也乐意配合老板去完成共同目标。作为管理者，在做绩效考核的时候，应该首先了解绩效考核的关键因素在哪里，才能对症下药。这三大要素，对于员工来说非常重要，因为这些都直接影响他们的工作，是工作中必须参考的。绩效内容的制定也包括绩效目标的制定，是让员工了解自己该做什么。实施手段是绩效管理者教给员工的，也就是告诉员工应该以何种方式去完成自己的目标。而考核时间则是一种参照标准，是给员工完成任务的一种强制性约束。只有这三点相辅相成，才能让员工相对轻松地完成自己的工作，而不至于出现到期无法达成目标的尴尬局面。

2. 考核时间划分必须明确

对于员工，尤其是那些很难完成绩效目标的员工来说，时间可以说是他们最重要的参考依据。如果企业没有给员工做一个具体的时间划分，员工就很容易出现前期懈怠、中期懒散、后期狂补的现象，就像小学生暑假中明明时间很充足，可偏偏就不做作业，等到假期快要结束的前几天才疯狂补作业，员工的绩效管理与这个现象非常相似。例如，企业给销售员制定的销售目标是年度销售额达500万元，员工就可能出现前期不努力、后期无力的现象。因此，管理者制定的时间划分不仅要有，还要非常明确和细致才行。将时间的划分细分到季度、月度、每周甚至是每天，让员工每天都有事可做，而做的事又不超出他们的能力范围，才能保障绩效最终能够落实，并且不给员工施加过多的痛苦和压力。

3. 工作岗位的定位要具体

不同的工作岗位有着不同的绩效指标。企业给员工制定的工作指标不同，可能给员工带来一定的阻碍，而给员工的目标都一样，这种阻碍就会更大。举个简单的例子，在绩效考核中，给财务部和生产部的员工制定相同的绩效目标，这样做合理吗？答案当然是否定的。虽然这两个部门员工的工作中也有一些管理和考核的共通点（如出勤率、工作态度等），但是还是存在很多区别的，比如关键绩效就是如此，财务部的关键绩效在于统计、收集、现金管理和计算等业务，而生产部要保证的是生产数量和产品的合格率。这就要求管理者在施行绩效管理和绩效考核之前，必须明确各岗位的工作内容和具体职责，加以区分，才能让员工更好地理解管理者想要传达的任务。

4．活用企业的规章制度

正如上文所说，制度是死的，员工是活的，过于严格的制度给员工带来的只能是不理解和更多的痛苦。有的员工原本是非常出色的，但是由于完全可以通过企业的帮助解决的家庭或者感情问题的影响，而导致阶段性成果不佳，这时企业仍旧毫不留情面地对其惩罚、警诫，就很容易让其沦为差劲员工。所以管理者要做到规章制度的活学活用，在必要时，改变制度的细节内容，使其适应员工的需求，而不是让员工去适应制度，这样往往能起到更加理想的效果。

◎列一份考核指标清单

看到这里，有些企业家就会问了：我有很好的、很灵活的制度，也有一群优秀的员工乐意为我工作，是不是就意味着我的企业就能很快建立起自己的绩效管理和绩效考核体系了？

绩效管理的复杂程度，决定了并不仅仅满足上述条件就能够理所当然地建立起绩效管理制度，一套相对完善的绩效管理模式的建立当然不是这么简单的事情。

某自来水公司实施绩效管理，想要在相对较短的时间内建立起一套完善的体系，来帮助企业解决员工管理难、效益产生慢这些难题。对于这种类型的国有企业来说，一般推行绩效是很容易的事情，所以管理者在开会讨论后，就很轻松地制定出一套"适合"公司的绩效管理和绩效考核制度。因为他们相信，不管制度是怎样的，员工都一定会尽力去完成，企业的人员管理体系也相对成熟，所以推行过程也不会受到太大阻碍。

然而现实的残酷狠狠地击垮了他们的信心——他们想要的效果并没有体现出来，相反，企业的整体效益下滑了整整一个档次。百思不得其解的同时，他们请来了一家顾问公司的绩效专家，专家一看就发现了问题所在：你们的绩效管理也太简单了，光靠本身的员工管理制度和员工的配合就想建立起一套完整的绩效管理和绩效考核体系，简直就是在轻视绩效管理的难度。没有一个详细的指标清单，想要建立一个相对完善的绩效模式，与痴人说梦无异。

从上述案例可以看出，科学的绩效管理模式，必须包含完善的员工管理体系、成熟的企业制度和详尽的绩效指标划分。这三大部分缺一不可，构成了一个合理的绩效管理和绩效考核模式。因为从整体的目的和方向来讲，绩效管理和绩效考核还是没有太大差别的，两者的差别主要体现在概念、具体操作和一些实际的步骤上。而这两者最大的共通点，就是它们都需要一个指标的划分，只有指标划分清晰，才能进行接下来的工作。

指标划分具体来讲，就是指标清单。一份绩效指标清单，看似简单，实际上蕴含着非常复杂的内容。它既包括企业的整体战略目标，也包括部门、员工应该做的事，即绩效目标；既有时间上的规划，还有标注明确的关键绩效，更有员工考评的标准。所以无论是从哪一点来说，制作这份清单都是一个难度很大的工作，因为其中包含的学问实在太多，甚至对于很多绩效专家来说，最害怕的就是制定考核的指标清单。

既然如此复杂，却又不得不做，绩效指标清单的重要性也就不言而喻了。

1. 一份清单，帮助企业看清当前最重要的工作

企业的战略目标会随着市场的变动、客户的需求、企业的实际状况等因素随时发生变化，这就决定了企业的任务并不是固定的。只有一份合理的、能够根据阶段性目标进行调整的清单，将本阶段的任务目标全部列出，才能让企业更明确自身的目标，才能不在绩效管理和绩效考核中失去对于企业战略目标的掌控。战略目标下分为部门目标和员工目标时，也能做到更加具体、更有针对性，而不至于这几个目标间无法实现对比和转化。

2. 给员工一个详细的指导，指明方向

员工由于其自身的地位和战略眼光的不足，决定了他们并不能在第一时间获悉自己的绩效目标，也不能很好地理解企业的整体目标。这时候，指标清单的作用就体现出来了：利用清单，员工能够轻松地知道企业的近期和远期目标是什么，自己的具体工作是什么，自己又该做些什么来完成自己的阶段性任务。只有这样，才能帮助企业更好地进行绩效管理和绩效考核的规划，使得绩效推行变得更加顺利。给员工指明方向，提供一个具体的

方式方法，是指标清单的基本功能之一。

3. 详细，让考核变得有据可依

指标清单比起管理者口头下达任务来说，最大的优势就在于书面化，而这种书面化最大的好处，就是让员工能够通过阅读，详细了解企业的目标和自己的目标是什么。与此同时，指标清单当中，会明确指出员工的工作内容和达成途径，这是日后对员工进行考核最主要的依据——企业通过核对和计算，获悉员工完成了清单上的哪些任务，完成的程度如何，就能够很轻松地清楚员工的工作成果，在考评员工的时候，就有了详细的依据和参考对象。

4. 时间管理，帮助企业完整地完成阶段性考核

在绩效考核的过程中，时间划分是一个非常重要的步骤，能让员工时刻把握自己的工作内容，并且对于工作总量能够合理进行分配，使工作既不会过度集中，也能在截止日之前最大程度地完成工作。绩效考核实质上是一个死板的过程，而要将其变得灵活，最重要的就是了解其中的每一个环节。指标清单就能够很好地发挥"探路者"的作用，管理者利用清单，能够及时核对工作的进程；员工通过清单，也能更好地完成阶段性目标。

其实，如果了解了指标清单的具体内容，将其变为一个习惯性的格式，那么制定指标清单将不再是那么痛苦了。我们要学习的，也正是这样一个方式方法，而不是每次都要去外面请专家回来帮忙制定。看清清单的五大基本内容，就能轻轻松松地玩转绩效考核，具体的内容如下：

1. 部门划分

根据企业的性质和需求，功能方面一般要求企业常设的部门配备有销售部、宣传部、财务部、生产部、后勤保障部、人力资源部、物流部、仓管部、服务部、安保部、企划部、门市部等常见部门。

这些部门的具体职责各不相同，在企业中发挥的作用自然也就不同。指标清单中，就要根据这些不同之处，来制定每个部门的具体职责和整体目标（即绩效目标），通过实现这些目标，才能证明部门的价值。而只有详细的部门划分，指标清单才能将目标的制定和分配体现得淋漓尽致。

2. 岗位职责

不同部门的工作岗位也有着天壤之别。

比如说仓管部，主要就是仓库管理员、收货员、理货员、配送员等；而服务部，则包括售前咨询员、售后服务员等；还有财务部，职位有财务主管、会计、出纳……这些职责迥异的工作岗位，具体的工作内容和工作方式都有着天壤之别。

这就决定了，指标清单内，必须将这些岗位的职责区分开来。

3. 时间期限

时间期限是一份指标清单中必备的内容。

前文中反复强调时间规划的重要性，只有在规定的时间内完成规定的任务，员工的绩效才能达成，从而实现部门的绩效乃至企业的整体绩效。标注出每一项工作的具体完成时间（或预计完成时间）的指标清单，才算是相对完善的。

例如，某销售员在第一季度需要销售9000件产品，而这个指标，分三个月达成，平均每月的销售量要超过3000件。根据清单的对比，超过这个时间还没有达成的员工，管理者就需要在后期施加更多的压力了。

4. 关键绩效

字如其名，关键绩效（KPI）的重点在于"关键"二字，关键绩效的提炼一直是企业绩效管理和绩效考核的重中之重。

实际上，有的员工并不知道自己在岗位上具体应该做些什么，或者是不清楚做哪些事情才能获得绩效。这就决定了只有将各岗位的关键绩效提炼出来，并展示在指标清单上，才能让其形成一个更加清晰的概念。

销售员的KPI是销售额，生产员工的KPI是生产量和合格率，宣传专员的KPI是宣传效果和市场占有率……

5. 其他指标

值得注意的是，在企业的指标清单中，作为考核依据的不仅仅是员工的职责履行状况，也不能单单看他们的关键绩效落实情况，而是要全面地看他们的工作能力、工作成果和工作态度。

一般来说，企业重视的仅仅是他们的工作成果和能力。然而在指标清单中，员工的工作态度同样处在考核的范围当中，他们的出勤率、工作效率等，都能够成为工作态度的参考依据。

第一章
卓越绩效依靠领导者活学活用

◎绩效管理永久长存的秘密

在很多企业的老板和管理者眼中,绩效管理和绩效考核仅仅是一项工具,来帮助企业获取更多的利润,实现人力资源的合理应用。甚至对于不少老板来说,绩效管理是可有可无的。换个角度来看,绩效管理在普通员工的眼里重要性自然更差,在他们看来,这只是老板用以管理自己的工具,对他们来说无异于一种负担和包袱。

试问,双方都抱有这样的态度和观点,企业的绩效管理能长久做下去吗?当然是不能。

其实,他们应该意识到的是,绩效管理模式的构建,对于企业和员工本身来说,都具有极其重要的意义。

有这样一家企业,推行绩效考核已经超过五年。按道理说,这家企业应该已经形成了一套相对成熟和完善的考核制度,考核的体系和流程也应该相对科学,为员工接受和适应。而事实上也正是如此,企业通过绩效考核,对于员工的管理、绩效的达成都明显上了好几个台阶。

但是随着时间的推移,敏锐的管理者发现了这样一个问题:虽然绩效考核本身没有什么变动,员工的态度也没有明显的改变,但是企业的效益却遇到了瓶颈,无论如何也很难再做提升了。

这到底是为什么呢?

这就是绩效考核的局限性所带来的问题。绩效考核,注定是一项工具,是老板用来管理员工达成绩效的。只要员工能够最终达成老板设定的目标,那么他就是合格的员工,只要他的评分高,那他就是优秀员工。这是绩效考核最终的统计评分步骤带来的，也是无法避免的。

在这种情况下，企业不妨尝试一下用绩效管理来代替传统的绩效考核，或者是两者并用，双管齐下，起到的效果可能更好。

1. 与单纯的绩效考核不同的是，绩效管理更注重管理者和员工的双向交流

绩效管理强调的是一个管理的过程，虽然依旧是针对员工，但是更多的不是监督员工去完成任务，而是协助员工去完成任务。管理者通过绩效管理，了解员工当前的工作状态，在员工遭遇困难的时候，及时与之取得联系，进行必要的沟通与交流，帮助他们排除一切困难，提高其工作状态和工作效率。绩效管理还注重员工能力的提升，也就是更多地关注其发展空间，因此在必要时，绩效管理还会给予员工相应的培训，而不是单纯地去要求员工做事。

2. 绩效管理是对过程的管理，而绩效考核是对结果的管理

绩效管理与传统的绩效考核相比，虽然也很重视最后员工能否达成绩效目标，但是更多的，绩效管理要看的是员工达成绩效的方式方法。绩效考核相对而言，就较为死板了：达成绩效就是好员工，没有完成的就是差劲员工，一切靠最后的分数说话。

综上所述，企业的绩效管理不仅要做，还要争取做得好、做得久，甚至终有一天能够完全取代绩效考核，或者与绩效考核发挥相辅相成的作用，才能帮助企业突破一切障碍，获得更多利益。

那么，管理者该如何做，才能让企业的绩效管理长存呢？

1. 老板、管理者的重视是必不可少的

绩效管理的重要性，决定了企业的管理者不能简单地将绩效管理看作是一项常规工作，像本节开头的那种做法和想法就是完全错误的。管理者应该站在企业整体战略的高度，借助绩效管理提升企业的绩效水平，帮助各部门、员工达成绩效，汇聚起来才能最终实现公司的整体绩效目标。

2. 加强对于管理者和员工的培训，改变其对绩效管理的认识

绩效管理的最终目的，是帮助企业获取长远的利润，而在某种程度上看，这也是帮助员工实现业绩突破的一个契机。管理者、部门负责人和员工，都应该正确利用绩效管理，来帮自己、部门乃至整个企业实现进步和提升，而不能仅仅将其视为一种对自己的压迫，产生抵触心理就更不应该了。

3. 绩效管理体系应当结合企业的整体发展战略

绩效小组在设计绩效管理模式时，最先了解的应该是企业的整体发展战略。只有了解了这一点，才能制定出最适合企业的绩效管理路线，明确发展方向，并且制定出企业的长短期绩效目标。然后，再考虑如何利用绩效管理推动公司战略目标的达成，即方式方法的构想。

第二章

卓越绩效要用对两大管理工具

第二章
卓越绩效要用对两大管理工具

第一节 目标管理工具：先打靶，后射箭

◎ 闭环结构帮你选定目标

绩效管理是一种综合系统，其中最重要的环节就是进行绩效考核，这也会是提高团队工作积极性的良好办法。我曾对学员说："这在卓越绩效管理中占有非常重要的位置，因为管理者必须启用有效的合作机制，令员工在充满热情的情况下工作，这也是保障目标顺利完成的重要方法。"

虽然大家都明白目标的重要性，却常常会忽略目标管理过程中员工绩效评估的存在，卓越绩效管理中，一切工作都要围绕目标展开，就像目标被锁定了，不能动摇。

有人会问："为什么要这样做？"这正是进行绩效管理的目的，为了保证目标的顺利完成，管理者必须严格监督员工的行为，建立起一支高效的团队，让他们成为最优秀的员工。

不少人觉得基层员工只要做好自己的本职工作就可以了，并不需要了解企业愿景、目标或是其他内容。我要告诉你，这么想一点都不正确，作为一个团队，企业的发展离不开每一位员工的努力，正所谓"存在即是合理的"。了解企业的背景，不但不会令员工分心，还会对其产生激励作用。

让员工有明确的方向，是激励他们努力工作的前提，也是督促他们更加专心工作的重要步骤。不论员工在企业中所处的位置如何，他们都有权利

知道企业的发展目标和方向,从另一个角度说,这也是激励他们的方式之一,正因为有被尊重的感觉,才会更加用心工作。

在通过绩效管理完成目标之前,管理者先要知晓企业是否有目标,并且要知道你的员工是否有目标,还要了解他们之间的契合程度,从而找到最合理的绩效管理方法。

曾有学员问我:"什么是目标管理?"我引用了这样一句话:"如果对此进行严格定义,目标管理就是以目标为导向,以人为中心,还要以结果为标准,从而令组织和个人达到最好业绩的现代型管理方法。"

简单地说,目标管理就是令员工在完成个人目标的前提下,带动整个企业的发展,我建议管理者制定一套完善的绩效考核程序,来督促和约束员工的行为,最终衡量出企业目标的完成情况。所以很多人又将目标管理说成是"成果管理"。

目标管理不是简单地让员工完成计划,其中包含了极其丰富的内涵,包括目标设定、目标的实现过程、策略分析、目标分解、目标检查和最终考核等。

首先,我们应当根据自己的实际情况设立目标,然后将其分解开来,形成一个个子目标,接着对其进行分析管理,并且要求在实现目标的过程中,必须紧盯着目标,最后还要对目标的实现情况进行考核。这种自上而下的方式,是保证目标顺利进行的有效办法。从目标的制定到实施,可以看出这是一个完整的管理闭环,所以,我通常将目标管理称之为闭环结构。

我曾引导学员做了这样一个绩效游戏:

第一步,我要介绍一下游戏情景和规则。假设我是领导,学员都是我的下属,我现在要对他们进行绩效管理,并且对此进行评估,学员的绩效成绩不好就会影响到我,也就是说,最终要看这个团队的整体绩效。

第二章
卓越绩效要用对两大管理工具

第二步，我要求学员做一件事，就是鼓掌，因为这个就是我定义的该部门工作职责。要求几点关键考核指标，到底是学员鼓掌是否响亮、是否整齐，还是计算其单位时间里的鼓掌次数呢？

要想找出最合理的评估方法，必须先确定衡量指标，我让学员牢记四个原则：多、快、好、省。这也是管理者迅速找到衡量员工绩效的重要方法。

有了重点衡量指标，自己就知道如何评价学员的鼓掌了，不妨将其一个个放入这些指标中，如何评价"多"，就是鼓掌的次数；"快"是对鼓掌的频率有要求；"好"是要求学员按照规定鼓掌，既要非常整齐，做到声音洪亮，又不能违反规定；"省"说的是鼓掌的效率，能够在少花力气的情况下鼓掌，才是最好的。

第三步，为了记录每一名学员的成绩，我画了一张表格，并且将游戏分成四轮，当大家都了解鼓掌就是双手撞击一下之后，活动就正式开始了。

首先，我要求学员记录下自己在一分钟内鼓掌的次数，要精确到个数，例如，让他们在其中填写10个、9个、13个……

课堂上，我找了两个"典型代表"来实践，一位是男学员甲某，另一位是女学员乙某，后者预计自己能在一分钟内完成更多次鼓掌。

正因为大家都先对自己的能力做了初步评价，后来，我又让每一名学员将这个估计的数字记录下来。我看了大家对自己能力的估计后，有些不高兴，因为他们并没有客观地评估自己，我心想，如果按照这个来计算他们的成绩，团队整体绩效一定非常糟糕。

我生气地说："你们怎么对自己的要求这么低。"看到学员茫然的目光，我果断地说："我要求你们每个人在一分钟内至少鼓掌200次，这是底线。"

有些学员想反驳，我马上用话堵住他："别觉得我给你们的要求很多，正因为你们太放松自己了,才会拖整体的后腿,你们的绩效成绩不好,就说明我自己的绩效成绩不好。"

当学员还在犹豫的时候,我已经先让之前选择的两位"典型代表"开始做示范了,果然没有令我失望,他们都超额完成任务,乙某居然鼓掌了将近90次。

坐在下面的学员也开始尝试,结果同样令人惊喜,有超过80%的人,一分钟鼓掌次数超过了60次。

这是为什么呢?

原因就在于,当学员有了目标,压力也随之而来,从而对目标进行管理。卓越绩效管理之所以先进,是因为其能够督促员工分别进行目标管理,改变了以前统一管理的诸多弊端。不过,管理者始终不能放松对下属的监督,这是保证卓越绩效管理顺利进行的重要方法。

后来,我将这个游戏推荐给不少人,还总结了几点注意事项:

1. 目标制定,领导说了算

想要进行科学有效的目标管理,就必须是领导者说了算,由不得下属制定规则,就像在之前的鼓掌游戏中,学员估计的数字都非常低,很影响团队整体绩效成绩。由此推断,让员工自己定绩效目标的企业,是很难有大发展的。因此,管理者要自己定目标,再对其进行管理,并对下属做好督促。

实践表明,让员工自己定目标,一分钟只能鼓掌15次,而他们的实际能力远超这些。

第二章
卓越绩效要用对两大管理工具

2. 做好目标管理，离不开优质方法

虽然我告诉员工，如何鼓掌才更加好，可并不代表他们都掌握了鼓掌的诀窍，为了产生更好的结果，我还会告诉他们：想要更好地完成这个鼓掌游戏，双手不能距离太远，这会令你的频率更快一些，而且速度也要快，才能保证完成规定任务。

3. 制定相关奖励与惩罚措施

取得第一名的学员，可以免费参加一次户外拓展活动，倒数第一的学员必须向全班道歉。

正因为如此，大家都非常努力地尽可能多鼓掌，之后，我又带领学员做了一次游戏，并且说："有没有什么方法，令自己在一分钟内鼓掌更多次呢？"

接着，我又告诉他们一些方法，学员的速度果然增加了很多，这时候，他们开始意识到，原来还有不少增进结果的办法，于是他们再对此进行了一番研究。

在日常管理工作中，团队应当先有目标，再开始工作，正因为前者对后者有指导和激励作用，所以将其放在非常重要的位置。但是仅仅有目标是不够的，还需要不断提升工作质量。例如，之前的产品合格率为95%，这远远不够，还会令企业造成大量浪费，必须通过引进新方法和新技术，不断提升合格率，并保持下去，才是企业得以长久发展的根基。

然而，这个过程并不简单，需要管理者进行多方考察和努力，不断纠正工作中的错误，还要改进方法，才能令企业发展下去。

因此，不是说确立了目标，企业就会有好发展，实现目标的过程同样重要，需要管理者想出一些好办法。我们常说到管理工作的策略问题，如

何将策略变成有效的行动,值得管理者思考。

在目标管理这个闭环结构中,企业是最大的支持方,将为整个管理工作提供有效资源。但是不可能源源不断地提供,既然资源是有限的,而整个目标管理却要贯穿于企业所有活动中,就得做好每一项预算工作,俗话说:钱要用在刀刃上。想要顺利实现目标,就必须将有限的资源放在最重要和紧急的项目上。不要觉得做预算没必要,这不仅是控制企业成本的有效手段之一,也会令团队工作紧紧围绕目标展开。

在整个闭环结构中,最重要的部分莫过于如何督促员工实现目标,例如:企业需要改造一套机器,就得先想好几个重要问题——什么时间开始维修、是否需要请来专业的技术工人、维修成本控制在多少钱之内,等等。

既然了解了企业目标管理的重要性,也知道了这是一个闭环结构,这个系列中的任何环节都值得管理者思考,这时候,就要学会运用策略,并且牢牢锁定目标,帮助员工高效完成工作,这便是卓越绩效管理在日常工作中的运用。

◎有修订才有更好的结果

企业的发展离不开合理的目标,甚至在企业内部的各个环节中,也会存在相关目标。管理大师德鲁克曾说过:"如果一个重要领域中没有设定目标,那么这个领域的工作就容易被忽视。"

例如,某公司没有正视"员工满意度"这个问题,就不会在这方面设立目标,这便有可能是企业忽略的部分,往往更容易引起问题。

如果企业没有在"客户服务"方面设立目标,也会忽视相关问题,这

第二章
卓越绩效要用对两大管理工具

方面工作的好坏也不会有人评价，这就有可能成为企业的软肋。

还有，忽视企业创新工作，这方面就很难做好；对库存周转没有设立目标，该领域工作就容易出现问题；如果企业对产品品质没有目标，就可能出现很多不合格商品……

可见，目标对于企业来说是非常重要的，那些缺乏目标的领域，很难做出成就。所以说，卓越绩效管理中的重要环节，就是将目标放在首位，然后实现目标。这个过程中，还有可能出现不少问题。

在日常工作中，管理者既要有明确的目标，还要注重它的正确性。在处于不同环境下的目标，可能会出现不同情况，或是当行业环境发生变化的时候，目标能够给企业带来的东西也变得不一样了。

任何目标在制定过程中都有可能存在漏洞，所以需要不断审视和改进。制定目标需要一个严密的过程，管理者不仅要保持严谨，还得有明确的目的，并且结合企业实际情况，这才算得上是优秀的目标。

李先生是一位来自广东的学员，拥有一家服装公司，在企业刚刚成立的时候，每年只有几百万的营业收入，经过5年的努力，终于成为一家收入过亿的大公司，不少人很羡慕李先生："您现在可真了不起，是名副其实的大老板。"

有一次，我和这位李先生共进晚餐，他对我说："老师，虽然我的销售收入过亿，但是真正流动资金却很少，表面上是在赚钱，可实际上并没有那么多，您猜我的钱都到哪里去了？"

他的答案让我停下手上的动作："我的钱都被积压在仓库里，目前这里存放了超过4000万的货物，下一步就要将其清理干净，这样一来，我的利润就全没了。"

让企业积压这么多库存本身就不合理,为什么会出现这样的情况呢?正是因为他忽略了对此方面工作的管理,更不要说设立目标了。

李先生最关心的是销售收入,一旦收入上涨了,他便会觉得公司在不断发展。李先生的公司拥有很大库存,当然对下面的经销商和零售店有利,不论他们什么时候下单,都会实现马上发货的目标,李先生希望看到的是,任何一个来这里进货的客户,都能在第一时间拿到想要的商品,不会因为款式、尺码等问题没有与他成交。所以,李先生为了实现销售收入的增长,就不断向企业购进商品。相应的销售收入也确实增加了,但因为没有对其中的细节工作进行有效管理,所以在年终盘存时,发现这里还存放着几千万的商品,真可谓是将钱都"赚"到仓库里去了。

细心的人都发现了,李先生在企业管理中存在重大缺失——没有在重要领域建立目标,他只关注了销售收入,而忘记了库存管理的重要性,如果能够早点设立库存周转率目标,就不会发生如今的问题。

后来,我告诉李先生:"要想令企业做大,就必须考虑到全局,而不是只考虑其中某个因素,如果你只关注销售收入,必定会令其他指标出现问题,所以要将全部要素都考虑进去,才能保证企业长期处于良性循环中,才有利于企业的发展壮大。"

我再举一个例子:

在很多人的想法里,银行是非常赚钱的,这确实符合实际情况,但是你知道银行的利润是如何来的吗?打个比方说,银行给A公司贷款了一个亿,规定每个月的利息是100万,从放出去贷款的利息中,减去支付给储蓄用户的利息,剩下的就是银行的利润。

看到这里,很多人会觉得:只要将钱贷给客户,银行就能赚取差价,这

第二章
卓越绩效要用对两大管理工具

个差价就是利润。

但是其中可能会发生很多问题,例如,接受贷款的企业没有按时支付利息,银行就赚不了钱,还有更糟糕的情况,如果该企业破产了,银行连本金都收不回来,这一个亿就变成不良资产。

从表面上看,银行确实拥有很强的赚钱渠道,但是其中存在不良资产的可能却令其充满了不确定因素,当银行将全部目光集中在利润上的时候,就会忽略不良资产管理,往往会令结果朝着不好的方向走。

针对这个问题,国家进行了相关改革,而且力度很大,对于不良资产的管理,不再由政府来核销,而是建立起更加完善的管理体制——一票否决指标,另一个说法叫不良贷款率。

当这个指标超过一定标准的时候,银行的相关负责人就会被撤职。如今,不良贷款率这个指标广泛应用于我国的银行体系中,让不良资产的存在率大大下降了,并且形成了良性循环系统。可以这样说,这个指标拯救了整个银行系统,成为一项关键指标。

没有明确的目标,或是这个过程中出现了任何错误,都会令企业陷入困境。这时候,就需要对之前的目标进行修正,想要管理好团队,不能仅看着某个方面的成果和状态,还需找到隐藏于企业中其他方面的重要指标。

曾有学员问我:"我如何寻找呢?"我是这样回答他的:"首先,要对企业有全面了解,任何商家都非常重视利润,所以必须找到与利润相关的各项要素,然后开始筛选这些要素,选择那些会直接影响利润的,再将它们综合起来看,从而完善目标管理。"

可见,当目标管理出现漏洞的时候,不要紧张,应当去观察那些会对企业利润产生作用的各方面内容,再将它们融入卓越绩效管理中,让其真正对员工的行为起指导和督促作用。

◎一己之力难以撬动泰山

大家都知道，没有脚踏实地的努力和一点一滴的积累，是无法搞好企业管理的，正所谓"一口气吃不成个胖子"。很多人在制定目标后变得局促不安，他们希望马上完成这个目标，甚至希望做到一步登天，这都是不可行的。

我们都听过"揠苗助长"的故事，如果你想一下子完成巨大的目标，往往会令管理走向深渊，正因为这个捷径是不存在的，所以通往这条路上的很多做法都有所欠缺。

此外，企业作为一个团体，合作精神显得尤为重要。个体的力量是有限的，企业想要发展，不能将重任放在某个人或是某个部门身上，需要大家通力合作，才能保证目标的顺利完成。

有学员问我："老师，到底要如何做，才可以让整个团队都参与到目标管理工作中来？"

其实，我们不妨先将目标分解开来，然后分配到各个部门去，还要再进行更细化的分解，直到每名员工都分到了相应的任务为止。值得一提的是，在分配任务的过程中，管理者应当想到接受者是否能够胜任这项工作，简单地讲，要考虑员工与这份工作的匹配程度，将不适合的工作给他们，只会令其产生不适，反而会影响工作。

在充分了解员工情况和企业工作后，将适合的任务分配给他们，则会令团队工作产生事半功倍的效果，当每一名员工都能发挥自身潜力的时候，企业的整体能量就迸发出来，从而达到"众人拾柴火焰高"的状态。

先要确定目标,再对其进行分解,这样一来,每一名员工都能够参与到企业发展建设上来,我们将这个过程称之为"目标分解"。

曾有学员问我:"老师,我们为什么要分解目标?"

我说了个简单的事例:A的力气很大,超过了身边所有人,但是最多只能扛起300斤的重物,就再无法增加了,他能扛起一座小山吗?答案显然是否定的。但并不代表没有办法令他扛起这座小山,可以先将其分解成小块,再找来一些人帮忙,就能很快完成这项工作。

见学员一脸茫然的样子,我继续解释:"将一项巨大的任务,分成若干小部分,然后将其分配给适合的人去做,这就是最有效的管理方式。你是决策者,也是出于个人限制因素,无法完成巨额工作,但是能通过合理的方式,妥善安排日常事务,这才是做好目标管理的重要环节。"学员听了这番话,终于豁然开朗:"老师,我知道接下来应该怎么做了。"

企业每天都有大量工作等待员工完成,单凭一己之力,或是几个人的力量,很难顺利完成目标,还会让自己累得要命,更谈不上绩效了。

1. 如果老板凡事亲力亲为,该企业一定没什么发展前途

不少公司都存在这样的情况,当企业规模越来越大的时候,老板们就会显得越来越辛苦,造成这个问题的原因,是他们没有将目标分解开来,凡事都自己来,这样肯定会让老板的精力分散,无法集中力量做出更优秀的决策,这就让企业的发展存在巨大隐患。

2. 大多数企业的兴建和发展历程是近乎一样的

公司规模还小的时候,出于种种原因,可以事事由老板自己完成,但

是如果在企业发展到一定规模，业务量庞大的情况下，老板还不懂得将目标分解开来，就会限制企业的发展，事倍功半的结果总是不令人满意。

那么，企业应当如何做，才能摆脱这样的局面呢？

首先要制定出切实可行的企业目标，简单地讲，就是让自己看清发展方向。这个目标无须老板亲自去实现，只要学会分解目标，并将其分配给适合的员工，之后自己只要完成监督和跟进工作就可以了。只有这么做，老板才能扛起整座大山，让企业高效运转起来。

此时，我想到一句话："千斤重担人人挑，人人头上有指标。"这句话说得非常有道理，这就是对目标分解最形象的比喻。

其次，从整体到局部，从管理者到基层员工，都要有目标意识。领导者设计出企业总目标，还要将其分解开来，分配给员工，下属有了目标，工作才会更加有积极性，这种化整为零的方法，值得大家学习。

◎必要的考核、评价与奖罚

管理者在跟进目标完成情况的过程中，应当对下属实行全面考核，再根据结果进行评价和奖惩，不要忽视了考核的重要性，这也是激励员工进步的重要环节。如果对方超额完成了工作，你应当给予相应奖励，如果对方没有完成规定任务，就要接受一定的惩罚。

在不少人看来，绩效考核是件很麻烦的事情，所以更容易被忽略。企业应当运用特定的方法和指标，并采取有效办法，对那些已经产生的业绩进行评估，从而判断它们是否达标。

正因为绩效考核是在目标管理上产生的，所以必须由我们确定了目标并

第二章 卓越绩效要用对两大管理工具

进行有效分解后，才能进行，没有这个先决条件，绩效考核就无法顺利完成，也不会达到其目的。

在实际工作中，管理者为了不得罪他人，常常用差不多的分数来对员工的工作进行评价，这时候，就会产生一个问题：表现优异的人，觉得这个分数低了，他们表示不满，而表现差的人却不领情，导致整个团队都陷入混乱中，让所有人的工作积极性都下降了。

此时，很多人会问：难道就没有更好的方法了吗？

实际上，管理者完全可以用另一种更有效的方式完成绩效考核，从而形成"多赢"的局面。

领导为了不得罪人，给所有人一样的分数，这并不能解决实际问题，如果能够将目标和员工绩效结合起来，就会令这个过程变得完美。

很多企业将绩效管理当成填表游戏，这就不会对结果产生公正的评价。绩效分数应当通过科学的计算得出，肯定不能凭借印象或是关系随意打出来，在考核结束后，管理者还需要将员工的表现做个排名，该涨工资还是该处罚，都要明确标出来，让员工心服口服，也是对其工作的激励。

说到对员工的奖励，很多人会在第一时间想到加薪，这确实是激励员工的手段之一，但是企业不能永远用这个单一的方法，这不仅会令激励失去效果，而且会增加企业的营运成本。不妨利用一些能够让企业与员工获得双赢的方式。

很多企业开始让员工持股、给予股票期权，或是期薪等方式，从而给予员工奖励。这些奖励是基于企业长久发展的考虑，虽然在短时间里无法体现出效果，但是随着时间的推移，优势就会慢慢显现出来。

正因为绩效考核在目标管理中占有非常重要的位置，所以其中的打分环节令很多管理者头疼,到底要如何做才能算激励员工呢?

经过一段时间的研究调查,我发现一个问题:不少公司的效益明明一塌糊涂,可员工的绩效分数却普遍很高,为什么会出现这个现象呢?

客观地说,在绩效考核情况下,员工之间可能能分出高下,并且找出前几名,这样就能区分出员工的优劣。但是,得到第一名又如何呢?不论是对于企业还是员工本身来说,都没有太多现实意义,所以很多企业的绩效分数和实际情况没有任何关联。

细心的人一定会发现,大部分员工的绩效分数之间不会有5分以上的差距,难道员工之间不存在能力上的差别吗?

为什么会出现这两种情况?原因就在于管理者觉得,大家都是"抬头不见低头见"的同事,没必要为了一个分数而斤斤计较,甚至伤了同事之间的和气。

假如管理者没有按照绩效要求去打分,这个模式就没有原先的意义,也不会对员工的行为起到激励作用。

从某种意义上说,人和人之间是无法比较的,因为都有属于自己的优势,硬要他们之间分出高下并不容易。但是评价员工的能力是绩效管理中非常重要的部分,既然必须要这么做,管理者应当如何处理呢?

1. 在绩效考核中,应当先画好"靶子"再"射箭"

现实中,不少企业做了相反的动作,从而令绩效管理失去意义。这里说的"靶子"是什么?就是企业目标,当然,在确定好"靶子"之后,管理者还要设计好游戏规则。

2.接下来，比赛就正式开始了

假如你的下属只射出了70分，你还要帮他修改分数吗？不论你们的关系是否很好，都不应当给他修改，因为这是已经存在的客观事实，如果你改动了，大家都会知道，这个比赛不就失去意义了吗？

3.真正的绩效考核，并不是要比较员工能力的高低

这不是比较的重点，而是要看员工是否完成了目标任务，这才是评分考核的重要指标。明白了这一点，管理者在为员工打分、评价、实施奖惩措施的时候，就会客观很多，心态也平和了，更有利于这项工作的开展。

然而，绩效考核的目的，是为了让员工能够更好地执行目标，所以考核与评价的重点就放在了执行上，对于企业而言，执行是顺利完成工作的保证，什么时间该做什么，企业都要有清晰的思路。

值得一提的是，管理者在制定目标时，不妨稍稍将目标定得高一些，这更容易起到激励员工的作用，无形中便增加了对员工的考核要求。当然，如果员工都顺利过关了，就说明他们是有进步的，不妨给予一定奖励，令其工作积极性更加高涨。

第二节 绩效考核工具：科学考核才能事半功倍

◎如何科学地考核？

一个善于经营的企业管理者，考核对于他来说，其实无处不在。因为考核既有近期目标的制度性考核，也有潜在的人文化战略考核（远期考核）。因为远期的企业目标还没有明确，因此远期考核细则无法清晰表述。故此，远期考核既是不确定的，但又时时存在于被考核对象的所有细节之中。

公司要求每个业务员当月销售量必须在100万以上，这样的数字化近期考核，当然需要，也相对简单。但假使公司最近出了一个重大事故，又恰逢所有相关决策者都不在岗，这时，一个业务员挺身而出，十分妥善地处理好了这起事故。那么这个业务员的危机处理意识与能力就应该纳入公司人文化的战略考核之中。企业发展是可持续的，因此在人才培养和使用上，这个有着较强危机处理意识和能力的业务员，无疑应成为后备人才进入人力资源管理者的视野。

所以，一切科学的考核，都必须兼具近期和远期两个方面的目标考核。近期目标的考核，是为了单位适时目标的实现，其作用固然十分重要。

近期目标的考核通常这样实行：

1. 由公司制订当月或当周的考核方案

这些方案必须紧扣现实目标，围绕着数据说话。这就是所谓的画靶子。

为了表达考核的公正性,类似目标往往是个定数,人人一样,也是人们常说的制定一个死目标。但完成目标的过程却因人而异,完成目标的方式也各有不同。

2. 在制定完成目标这个大前提下,还必须有考核到个人头上的具体细则

细则的诞生,其实就是把目标再行分解,分解时段、分解方式、分解进程等,然后再根据不同人的工作侧重点进行相应的排序,以达到目标实现的最佳效果。这样分解的目的,一是为了照顾不同人的不同工作特点,二是为了让被考核者可以适时自我提醒和自我激励,三是方便被考核者的实时比对和检查。这就是所谓画靶子后的射箭过程。

但我们必须清楚地看到,近期目标的实现绝不是企业可持续发展的终极要求。因此,仅有近期考核对企业的未来发展显然远远不够,所以,企业的远期考核跟近期考核一样重要且不可或缺。

3. 远期考核方案的制订往往不方便实施数据化表达

比如,员工的道德水准,危机意识,应急处理能力,沟通能力,外交能力,亲和力,融合作用,领袖气质等。这些方面都是难以定性,且并不是紧紧围绕具体工作的数据化标准,故此,通常只能用文字表述。可文字又具有不同对象在解释上的异同,因此,这类考核的结果往往难以服众,同时又容易滋生暗箱操作的弊端。

因此,远期考核最好的可以服众方式往往是扩大其决定面,也就是最好由利益相关方的集体参与。西方国家的总统大选,一般都采用此类方式,由国会参众两院的最终选票来决定结果。之所以采取此类方法,唯一的解释就是可以使利益相关方达到最大程度的接受，以促进社会稳定。

企业的干部考核通常就是采用这类考核方法。比如，企业需要提拔一个车间主任。人选的诞生一般通过自由报名、简历公布、演讲或辩论，最后由上级主管领导、同级别干部以及下级干部和员工代表共同投票。当然，这类投票一般采用不同职级对应不同的投票权重来做最后决定。因为，这需要考虑相关利益方的不同需求。

◎绩效考核，谁和谁比？

绩效考核是企业老板管理员工的法宝。不管多么糟糕的企业，都要制作一段文字或一个表格来表示他们正在做绩效考核。一个企业绩效考核是否正规、完善，各有各的说法，反正拿出一套跟效益和薪水挂钩的定期检查方案，统统可算作绩效考核。因此绩效考核的门类和形式五花八门。

企业为什么如此看重绩效考核呢？原因是绩效考核的结果相对公开、公正、公平和全面，它的重要性在于它往往决定了企业对你的最终看法和评价。当然也一定会影响到你的收入和报酬。同时绩效考核的结果也是你在同事中进行横向比较、自我比较以及认知的依据。一个从来不比较的人，是不具有胸怀和战略的，近似于行路中的瞎子和聋子。

绩效考核是企业人力资源管理中十分重要的一个环节，可是管理人员在实际的绩效考核操纵过程中往往十分头疼，该如何来给员工打分呢？

前面提到过这样一种情况，在年终最后的分数测评中，公司业绩不高的情况下，员工的分数却非常高，一般都是95分或者96分。看到这样的结果，很多人都表示非常不理解，员工的绩效分数那么高而企业的业绩那么低，又有什么意义呢？

员工与员工之间是有优劣之分的，在标准的客观绩效系统下，应该会出现比较，但是却出现了员工与员工之间分数差不多的情况，那么获得第一名也没有什么意义，因为员工的绩效不是跟公司的业绩相挂钩的。我们可以分析一下出现以上情况的原因。

很多人在给员工打分的时候，往往会瞻前顾后怕得罪人。B同事是其同事，C同事也是其同事，大家整天在一个公司低头不见抬头见，得罪谁都不好。所以为了保证自己与别人的利益，两者谁都不得罪，就出现了我前面讲的95分、96分的情况。可是，从实际上看，员工与员工之间真的没有差异吗？

在职业管理中，常常会出现这样的情况，比较两个人谁的绩效高就是单纯地把两个人进行比较，看看两人谁比较好谁的分数就比较高，这是完全错误的。绩效的比较与打分情况应该把每个人的业绩与公司的利益进行比较。

1. 从某种意义上来说，员工与员工之间是不能相互比较的，哪怕是同一个部门的员工

因为每个人的职责是不同的。举个例子，小B和小C两人同属人力资源部，小B负责招聘新员工，而小C负责管理员工薪酬这一部分，两个人的职责与工作完全不一样，你就不能把两者进行比较，因为两者没有一个共同的比较点。

2. 企业的绩效管理主体应该是业绩而不是人

如果把人与人之间的关系作为企业发展的导向，那么就会出现很多的问

题。比如员工为了博取领导的高绩效打分，就会给上司行贿溜须拍马，为了自己的利益而诋毁同事，这样的风气一旦形成，企业要想管理好就会变得难上加难。那么我们应该如何来进行高绩效的考核呢？

在东方文化里有一种叫作"人情"的礼节，而高绩效考核体系是来自于西方的管理模式，这实际上就形成了两种文化之间的交流与碰撞。我曾经指导过的一家企业的老总曾经问过我这样的一个问题。

他说，我们中华五千年的灿烂文化，讲求中庸之道，讲求人与人之间的和谐相处，讲求谦逊，以孔子、孟子为代表的"孔孟文化"相当之精辟，而这些在高绩效的管理模式当中是不被认可的，甚至是被摒弃的，我们该如何来看待这件事？在绩效打分上我们应该注意哪些事项呢？

这位老总的问题很犀利，也是摆在企业管理中赤裸裸的现实问题。所以我们常常会看到这样的情况，一个办公室里面一共六个人，绩效打分的时候不是你95分就是他96分，或者大家轮流当绩效管理的第一名，这样的现象比比皆是。它完全丧失了企业高绩效管理的意义，甚至还破坏了员工与员工之间的关系，这样的绩效考核体系有如走马观花，完全没有存在的必要。而只是学习西方而摒弃老祖宗遗留下来的千年文化，这也是不可取的。

这就是为什么在中国实行高效管理模式时出现了那么多问题，是因为我们没有正确理解这套管理体系，使我们在运用它时出现了问题，换句话说就是在对这套高绩效管理体系的运用上出现了偏差，错误地把它理解成了人与人之间的比较。而真正的科学管理是算出来的，实际上是工作效果与工作目标之间比较而转化出来的一个比较值。

所以我们就得出了这样的结论，不是我们中国传统文化不好，也不是西方高绩效管理模式有问题，而是我们自己出现了问题，这就要求我们在学习西方的基础上主动发挥我们自己的优势，我们应该做的是完善好"中西合璧"。

◎考核结果与既定目标有剪不断的关系

从上一个小节中我们了解到高绩效的企业管理不是人与人之间进行比较，而是事与事之间进行比较，换句话说就是自己跟自己进行比较，比较的是自己目标的设定和完成情况，下面我们来看一个案例。

小B和小C两人同属于L公司，职业都是销售人员。不同的是小B是在石家庄分公司，而小C则是在北京总部，我们先来看下小B和小C两人在2012年的销售业绩完成情况。小B完成了人民币120万元的个人销售业绩，而小C则是完成了160万元的个人销售业绩，看到这两组数据，我们就开始不自觉地进行比较，到底小B和小C两个人谁的个人绩效更高呢？

在我未讲之前大家仅仅从销售数据上来说，可能会觉得小B的120万元完全没法跟小C的160万元相提并论，这样我们就又犯错误了。120万与160万这个是结果，那目标呢？我们来细细研究分析一下。如果当初定的目标是北京的销售目标是200万元，河北的销售目标是110万元的话，那谁的绩效比较高呢？我们前面讲要自己跟自己比，小B 120万元的结果与110万元的目标，我们可以换算出一个109%的完成率，而小C 160万元的结果和200万元的目标，换算出的完成率为80%，经过严格计算之后，我们就算出了到底谁的绩效更高，是石家庄的小B而不是我们主观上认为的小C，所以两个人如果比绩效的话，应该是石家庄的销售人员更优秀。

部门员工与员工之间的绩效加起来就是这个部门绩效的总和，也是企业的部门目标，同理，目标与目标相加又构成了整个企业的绩效。总之，在进行绩效比较的时候，一定不要把人与人进行比较而是把企业的目标与完成的结果进行比较，这就出现了另外一个问题，企业的目标与结果到底是什么样的关系？给大家举个例子。

很多人都玩过一个游戏，叫作"摸高"，就是跳起来看看自己到底能摸到多高。把这个游戏放到管理学当中，你会发现很有意思。假设你是一个下属，你的身高是1.7米，你弹跳起来加上手臂的长度，够到的米数是2米。那么作为一个老板应该把多少米数作为你的目标呢？我曾经在一堂管理课上讲过这个案例，很多学生踊跃回答，有人说2.2米，有人说3米，还有人说4米。

我做了一个数据调查后发现，大部分学生认为2.2米是一个比较合理的目标。但是我对我的学生说，如果有人给我定了5米的目标会怎样，很多学生张大了嘴巴露出不可能的表情，我问有没有人觉得5米是合理的，只有几个学生弱弱地举手赞同。

我反问他们，你们为什么认为5米的目标是不可能实现的呢？只是说要达到5米的目标，我们可以想办法来让自己达到5米的高度啊，那些认为5米不能完成的学生是思维已经被禁锢住了，所以我们要做的第一步就是解放思想。我们来想一下如何才能让自己达到5米的高度。既然弹跳不能够完成，我们就试用一些工具，最简单的是找个梯子，或者脚底上放上弹簧，再或者撑竿跳。思路被打开之后，你就会发现这样的方法千千万万，你再回想下刚才，刚刚你还认为这是一件不可能完成的事情。所以，很多问题不是我们能不能做到，而是我们需要去思考怎样做到。

第二章
卓越绩效要用对两大管理工具

很多世界领先的公司都能够快速准确地完成目标甚至会超额完成目标。他们从几百万到几千万最后到几个亿飞速增长，一跃成为领先世界的强势企业，我们现在的任务就是学习他们如何快速地发展企业，实现高绩效的模式。

在前面关于石家庄和北京两个销售人员谁的业绩更好的问题，石家庄的销售人员小B认为是自己努力才超额完成任务，而小C则认为是由于总部给自己的销售目标太高导致自己的任务完不成。而我作为一个客观的管理体制培训人员，是这样认为的。我觉得小B完成任务是由于目标太低了，他捡了一个大大的便宜，所以才超额完成任务，而小C完不成任务是由于他比较懒惰，对目标的追逐度不高。这样就形成了我、小B和小C三种观点，到底谁的观点更准确呢？关于目标的制定应该如何来把握？这就是我接下来要给大家介绍的内容。

1. 目标应该适当制定得高一些

这样，就让员工时刻保持在一个迎接挑战的状态。在很多情况下，我们认为老板给我们制定的目标太高了，我们无法完成，但是我们可以这样想：这在给我们挑战的同时，也带给我们很多的机遇。古人云，"千锤百炼志更坚"，钻石只有经过打磨之后才会变得光芒四射。我们觉得无法完成任务的时候，想想我前面讲过的借助工具的例子，在资金允许的情况下，我们可以借助有效的工具，在资金不允许的情况下，我们就发挥头脑风暴的巨大作用，努力做到群策群力，为整个企业的发展献计献策，最终努力达成目标。

2. 对于目标的制定，我们一定要保持一个良好的心态

不要发现上司给自己制定的目标过高，就心灰意冷，破罐破摔。努力

弹跳一下，目标的完成就不会那么困难了。目标与结果的关系，我们可以用先画靶子再射箭这一形象比喻来表示。

靶子就是目标而弓箭发射就是结果，到底是先有靶子还是先有弓箭呢？在进行考核的时候，很多企业都是箭已经发射出去了之后，才开始画靶心，按照自己的主观臆断来对企业进行考核打分。举个例子，如果射中靶心是100分，那么往外减少一环就是10分，射在外面就是0分。靶子做好放在那边，射在第几环就是你的绩效，如果你射了70分要管理者改成100分，那是不可能的。只有这样，做出的绩效才准确无误，分数跟绩效一样，是一个客观事实，不能随意更改。从上面我们可以得出：

1. 绩效考核目标与结果的关系，是先有目标再有结果

现在我们反过来考虑一下，先有弓箭，会出现什么样的情况呢。一个人没有目标，只能拿着弓箭四处乱发射，忽而在左边忽而在右边，这样的结果就是发射的弓箭数不少，却没有企业需要的那一只，这实际上是一种资源浪费。

2. 员工没有目标就是最大的问题

据美国一家公司的调查发现，企业员工平均每天都在做至少45%的无用功，这些无用功产生的原因是由于员工没有目标，不知道每天应该做什么事情，把时间都苦苦地消耗浪费了。其实出现这种问题，不是员工要故意去偷懒，也不是故意不完成工作，而是他们根本没有什么目标，不知道自己要做什么。当然，对于没有工作效率，他们压根也不会感到羞愧，因为他们把时间消耗在了公司，这样的理解跟中国传统的"没有功劳也有苦劳"

是一样的。由此,我们就看到了企业考核目标对整个企业发展的重大影响,企业的目标与结果是一种剪不断的关系。

◎什么才是最好的结果?

讲了这么多,有人肯定会问,那么到底什么才是最好的企业绩效管理结果呢?答案很简单,我把它称之为"三笑",即老板笑、干部笑和员工笑。如何才能做到高绩效的企业管理呢?最重要的是搞好企业的绩效考核制度。

我们每个人都希望自己没有工作的压力,却还能得到高绩效与奖金。当然,我说这句话之前加了希望二字,这仅仅是希望。没有压力,工作效率就无法提高,目标完不成,绩效考核就一塌糊涂。我们每个人每天浑浑噩噩无所事事,不如趁着自己还年轻,多做些对企业有益的事情,努力工作,也实现了自己的价值。 所以,我们一定要把企业的绩效考核制度做好,只有考核制度做好了,企业的绩效管理制度才能做好,最终才能实现"三笑"。

在一次会议上,我遇见了一个大型物流公司的车队队长,队长知道我是做管理的之后,向我提出了一个自己遇到的管理学问题。他说,我们公司有50辆货运车负责公司的物流,这50个人是老板的老乡,背景牛得很。我对他们根本无法管理,每次出车不是你推给我就是我推给你。

听完这些,我首先想到的可能是员工的薪资待遇太低,于是我就问他员工的薪水待遇是多少,队长回答1200元。那是2000年,1200元对一个驾驶员来说,已经是一个很高的收入了,再加上1000元就相当于一个部门经理的收入了。在了解到不是因为工资太低的原因后,我就继续问队长,驾驶员的工资有没有超过1200元的可能,有的话是什么情况,低于1200元又是什么情况。队长的答案是这样的，员工没有拿到高于1200元工资的可能，低于1200的情况倒是可能出现，因为他们有属于自己的一套考核标准。

然后，队长详细地为我解释了一下他们的考核标准。一般情况是这样的，当按时上下班不早退、无警察罚单、无事故的时候可以拿到全额的1200元，而被警察罚单，闯红灯超过一定的数量，后果由驾驶员来承担；而出现事故的费用则由驾驶员支付30%。听到这些我瞬间明白了为什么驾驶员出车难管理，因为他们再努力也拿不到超过1200元的工资，而不出车的安全系数比较高，不会出现闯红灯和出事故的危险，总而言之，是他们这套绩效考核制度存在问题。

我给队长举了一个例子，如果一支钢笔10元，那么我给你20元，我理所应当得到两支钢笔，这是等价交换。同样的，驾驶员拿1200元就应该做1200元的工作，这样才是等价交换。这就牵扯到了一个关键词，即驾驶员每个月劳动所有的产出，我用一个学术词KPI来表示，即业绩关键指标。对一个驾驶员来说，一般他的KPI包括行驶的公里数、汽车的保养维修情况、准点率、货物损耗率、每公里耗油数等，他们共同构成了驾驶员的业绩关键指标。我们可以把这1200元按照以上几个部分进行划分，做得好的工资上调，做得不好的把工资降下来，让驾驶员的利益直接与业绩效率挂钩，这样就形成了一个弹性的工资制度。

几个月后，我又遇见了队长，他见到我之后很开心地拉住我的手，从身上掏出烟给我抽，边掏边对我说感谢的话语。我仔细观察他掏出来的烟，整整摆了一小桌子，而且每种烟的牌子也不一样，我很好奇，他怎么会有这么多不同品牌的烟。

他乐呵呵地说，之前都是他每月要花很多钱来买烟"孝敬"那些司机

第二章
卓越绩效要用对两大管理工具

大爷,这样他们才出车,有时候一根不够两根,从上午能推到下午,但是用了我这套绩效考核制度之后,情况截然相反,我再也不用主动买烟去"贿赂"他们了,他们都会主动带烟来"贿赂"我,希望我能够安排他们出车,这样他们就多了赚钱的机会。

从最初的"要他做"到现在的"他要做",这是一个从被动变主动的过程。出车与每个人的工资联系到一起,只有努力工作,才能获得更高的收益,这是一套良性的循环考核模式。这种良性的考核制度实际上形成了一种好的导向作用,影响了员工的行为,而员工的行为又导致其努力工作,努力工作又给员工带来好的收益,这种良性循环的模式可以使员工自发地进行工作,而不再需要别人的监督。

驾驶员时刻在考虑工作,从根本上来说,还是这套高绩效的考核制度起到了重要作用,员工希望多拿到钱就必须多去工作,企业是按照员工出车的次数和质量数据来发工资的。所以,这套考核制度的建立让企业实现了"三笑"。

1. 第一笑的是企业老板

员工能够自发地去努力工作,对老板来说是一件天大的喜事。员工的积极性被提高起来,动作行动快起来,事故率大大降低,本来需要70辆车,现在50辆还没完全被调动起来,工作效率得到了极大提升,你说老板笑不笑。

2. 第二笑的是管理干部,也就是上文中的队长

以前他需要花很多钱来央求员工出车,队伍极难管理,而现在驾驶员

主动"贿赂"他，申请出车的机会，干部变得无为而治起来，地位发生了天翻地覆的变化，你说干部笑不笑。

3. 第三笑的是员工

大概没有谁愿意在一个企业里没有目标地耗费自己的生命，驾驶员的业绩跟自己的努力成正比，这就在一定程度上调动了他们的积极性。驾驶员会不断在脑海里面思考，我今天跑了多远，我能赚到多少钱，可以给孩子买点什么新玩具，第二天再努力一点，又能赚到多少钱，生活慢慢变得充实而有意义起来，估计连晚上做梦都会笑吧。

如果这套考核制度在员工之间受到欢迎，那么说明它是有效且有意义的。

第三章

卓越绩效要选对合适管理模式

第三章
卓越绩效要选对合适管理模式

第一节　目标分解模式：有目标才能高枕无忧

◎ 分解从大到小，空间分割

年度销售目标是关乎企业发展的一个重要的因素，所以要小心翼翼来完成。很多人在制定销售目标的时候，常常十分纠结，制定目标低了容易完成，但会给老板造成一种没有能力的感觉，反之目标制定过高，下属完不成搞得怨声载道，同时也影响了员工工作的积极性，拿捏好一个度，是一个重要的问题。

在制定目标的时候，常常会出现很多问题，常见的有以下三个：

1. 制定过程中未筛选参考数据导致目标不符实际

对于很多企业来说，尤其是民营企业，老板就是"一家之主"，所有的一切都要做主张。但是在很多情况下，老板并非完全了解销售市场，通常会参考往年的数据、报表。很多企业的销售人员在了解了老板们的这一习惯之后，常常会在上报销售数据时做手脚，故意调低数据，给老板一个涨幅的空间，这样其实第二年目标的准确度就大幅度降低。如果老板在未识别数据可靠性和进一步筛选的前提下就参考之，往往导致制定的目标与实际情况相差甚远，这是导致很多企业目标失真的重要原因。

2. 制定目标脱离实际情况

目标的制定不是简单地在上一年度的基础上上调百分之多少，那样制定出来的目标就会有很强的失真度，而且是对自己能力的一种过高估计。从某种情况上来说，企业目标与员工薪资息息相关，如果企业的年度销售目标做得太高，员工在认为即使自己努力也达不到目标的情况下，就会主动放弃，破罐破摔，这样销售目标就不可能完成。制定目标好比在业务员的头上挂甜枣，一定要让他们努力跳起来后够得着，挂得太高他们怎么努力都够不着的结果只有一个，就是他们会主动放弃。

3. 销量成为企业发展的唯一指标

利润与效益是企业最终追求的目的，但却不是唯一的目的。如果只是片面追求高利润，那么就会把代理商和销售人员置于一个尴尬的位置，为了达到高销售量他们往往会杀鸡取卵，而我们看到的只是表面上业务量上涨，其间存在着一系列的问题，比如赔本降价、违规促销等，这无疑是一种"市场自杀"。企业健全的销售目标不是单纯地包括企业的营业额，还包括品牌评估、市场占有率、产品覆盖率、销售管理状况、人员状况等，这些都是构成企业目标的重要因素。

综上所述，企业目标的制定需要好好思量，制定好目标之后，如何来划分目标又是一个需要考虑的问题。给大家举个案例，一个关于目标与目标空间划分的小故事。

有一个小男孩，他的父亲是一个瓦匠，常常帮别人去建房子，每次帮别人建完房子之后，他都会带回家一些别人不要的碎砖碎瓦堆在院子的一个角落里，久而久之变成了一小堆，小男孩不明白父亲要做些什么。直到

第三章
卓越绩效要选对合适管理模式

有一天，小男孩在跟小朋友玩耍回来的时候，看见父亲在对着院子里面的一块空地左量右量，开始挖槽砌墙，更让他惊讶的是几天之后，一座四四方方的小房子居然拔地而起。

这件事情一直在小男孩的记忆里面，直到多年后，功成名就的他还是会跟身边的人讲起这件事情。他说："我父亲捡砖块造房子的事情给了我很大的触动，我看着从一堆废弃砖头到一间小房子，我的父亲用最亲身的经历向我阐述了一个简单的道理，一块砖没什么用处，一堆砖也没什么用处，而能够使砖头有用起来的是一个造房子的梦想与目标，如果没有梦想与目标，那些也是废物一堆；反之，空有一堆梦想与目标，而没有一小块一小块的砖头，房子也无法建成。"这个理念一直成为小男孩办事的指南，每做一件事情的时候，都要先考虑下：我做这件事情的目标是什么，我想完成什么，就像一定要先确定建房子的目标，然后再去捡砖头，然后要考虑下我该捡什么样子的砖头，就像是把目标进行细化一样，当然这需要有足够的耐心。

这个案例充分说明了目标与目标细化对人的重要影响，企业也是如此。

1. 在确定了固定的目标之后，要把目标进行明确的划分

比如一个销售部门在接收到3亿元的目标之后，开始把目标进行细分。要注意的是不论分解到哪一步，都需要具体的数据来支撑，并需要相应的考核绩效和鼓励政策给予支持，以确保目标最终完成。当然，这个目标的划分需要很多条件与前提——目标并不是制定得越高越好，而是要在合理的前提下，制定符合企业实际发展方向的目标，先确定大方向再将目标明确划分。

2. 销售总监在接到这个目标之后首先要进行大区的划分

要知道区域与区域之间是存在一定的消费差异的，所以不能够采取均分的原则来划分。比如在北京、上海这样发展迅速的城市跟西部的某些城市，它们之间的消费水平存在着很大的差距，北京、上海等地的消费能力较高，可能就会分到一亿元的任务目标，而那些落后的大区，只要几千万的销售目标就可以了。

3. 划分销售目标的最终目的是把目标划分到每一个人的身上

让每一位业务员都能感受到自己与企业同在，自己的利益与企业的利益息息相关，这在一定程度上还加强了企业的凝聚力。

◎ 分解从前到后，时间分割

第一个空间的问题考虑好了之后，就应该考虑下时间的划分问题。比如上一节中提到的"3亿元"，在每个季度精细到每个月份应该完成多少，这些都是应该去做好计划的。针对不同的阶段，根据分析制定科学的数据，作为衡量的标准。

在目标制定好之后，要按照一定的时间划分好，并做好相应的时间控制。不能半年过去了，计划还没有完成多少，等到年底的时候加班加点临时抱佛脚，通过加大促销力度、增加人员等方式进行促销，来完成企业的目标，这在一定程度上来说，是不科学也是不合理的。如果这样的话，往往会出现适得其反的状况，销售额上去了，利润却下来了。

我们常常都会有这样一个毛病，在没有人监督的情况下，会出现跟不上

第三章
卓越绩效要选对合适管理模式

进度的情况,所以就需要制定好明确的时间目标。每个月做什么,什么时间段内做什么。一般情况下,我们都遵循前紧后松的原则,就是在每年的前几个季度,加大完成力度,这样在年底的季度就会省下好多时间来考虑来年的计划,或者本年度的销售计划完成之后,轻轻松松开一个年会,放松下平时紧张的节奏,完成之后可以给员工发一笔奖金作为奖励,这就是管理时间的重要性。这样说也许会有点空洞,下面我就给大家讲一个关于管理时间重要性的例子。

有一个著名的马拉松运动员,他曾经多次获得过马拉松比赛的冠军。你知道马拉松的距离是多少吗?42.195千米。对于一个普通人来说,跑下来要多长时间呢?我粗略估算了一下,大概需要20个小时,还不包括中间的休息时间,还有人可能会中途放弃。这位运动员是如何做到多次获得冠军的呢?很多人都很好奇,每逢有人问到这个问题,他总是微微一笑,然后说"靠智慧",很多人都觉得不理解。

直到多年后的一天,他在一本自传中首次回答了这个问题,揭开了关于智慧的谜底。他在自传中这样写道:"关于马拉松我是如何坚持下来的,很多人都询问过我。今天在这里我将把这个秘密解释给大家,其实也没有什么。在比赛的前一天,我会驾车把路程走一遍,了解起点和终点,看一下大体的行程,找一些参照物,如教堂、停车场等,我会把它们在心里记下来,沿途大概会找一二十个这样的参照物,估算一下参照物之间的距离,做到心中有数,并且估算出两个参照物之间所用的时间。""详细地说,就是比如从起点到停车场的距离是4千米,我大概给自己的预算时间是4分钟,接下来从停车场到教堂的距离又是4千米,我给自己定的时间同样是4分钟,假如我3分钟就跑完了,我就会心里一阵狂喜,这样我就把所有的总路程划分为一段一段，每一段都给自己提出具体的时间要求。我在起跑的时候是没有压力的，我不用考虑42.195千米的总路程，我考虑的是一个4千米、一个5千米等等这样的小段距离，对于普通的运动员来说跑几千米是很正常的，更别说是我这样的马拉松运动员。第一段4千米本来计划4分钟跑完，可我只用了3分50秒，这样我就节约了10秒钟，下面一段就更没有压力了。以此类推下来，我就节省了很多时间，而且我不断地在体验完成目标的喜悦，狂喜几十次后，顺利到达马拉松的终点，这就是我成功的秘诀。"

读完上面的案例，我们能够清晰地感觉到划分具体的时间目标对完成整体目标所起到的重要作用，把大目标转化成小段的目标，在一定程度上也是对压力的一种分解。当你看小段目标的时候，就会顿时感觉轻松很多。一个个地完成小目标，积累起来最终实现大目标，这就是上述那个运动员所正确运用管理学取得成功的原因。

联系到企业管理，道理是一样的。还是3亿元销售目标，这3亿元安排到一个人的身上是很有压力的，懂得把目标从时间上细分，就会有不一样的效果。把这3亿元划分到每个季度、每个月、每周、每天上，坚持每天做好每一步，一步一步来完成，最终完成3亿元的销售任务就变得简单起来。

上文案例中的运动员，一场马拉松下来狂喜几十次，在管理上也是如此，一周狂喜五次，那么一年下来狂喜多少次呢，狂喜后肯定就会离目标不会很远。由此可见，对时间的控制与划分是成功的关键，把大目标化成小目标，把小目标在规定的时间内做好，坚持下去，成功就会离你越来越近。

◎ 分解先预后立，尽在掌握

古人云：凡事宜先预后立。我们做任何事都要先想清楚，然后再动手去做，才可能避免盲目性。企业在确定好发展基调之后，要开始做好企业预算。

在新的年度开始之前，企业都要做一个预算，这个预算在第二年的企业发展当中发挥着重要的作用，管理者制定好预期目标之后，在估算收益多少的同时，还起到了对成本的控制作用。

1. 如果不做好资金预算，再好的企业也会垮台

纵观企业的发展，我们会发现支出是相当惊人的，其实很多地方是没有必要有那么大开支的。动辄千百万的费用，如果从每笔资金中节省一些，十几万的预算就出来了。但是企业的发展不是靠在各项资金中扣出来的，而是靠科学的资金预算做出来的。

2. 只有老板参与预算是完全不够的

作为企业的老板，应该深知做好企业预算对整个企业发展的重要性，但是只有老板知道是完全不够的，要让广大的员工一起配合，要有企业经营意识，为企业的发展共同努力。通过预算，企业可以很好地控制成本，计算出企业的利润。很多企业在预算这方面做得很好，给大家讲个案例。

L公司是一家电力公司，每年的9月份，公司的财务部专门成立一个预算管理委员会，来做好公司财务方面的预算。9月初，公司会召开一次企业预算编制动员大会，会上宣告今年的公司预算编制要开始了，在大会上会

把预算的流程、时间、注意事项、要求、进度等通知各个部门，让各个部门做到心中有数。同时在大会上明确各个部门的预算支出，一般情况来说，各个部门的支出包括两个方面，一方面是由财务部控制的，包括一般的差旅费、各项目的支出预算成本费等，另一方面包括各个部门主管自己控制的费用，如人事部门的人员支出费用、物流部门的物流费用、采购部门为公司采购日常的费用支出等，这些都要求做好初步的预算。

在会议结束之后，各个部门就针对会议上的内容开始编制项目，先要收集本部门1～8月的销售支出数据，然后对9～12月的数据进行大致的估算，这样今年的预算数据就出来了，再根据市场部门的分析，编制出来年的预算。

L公司每年的10月份，财务部门对各个部门上报的数据，如对成本率、费用率、利润率等进行分析，之后提出相应的修改意见和建议，然后再把上报数据和修改意见上报给CEO，CEO再根据数据状况进行小修改，转交给财务部，这样就形成了初次的数据预算。

到了11月中旬的时候，财务部再次与各部门进行沟通，把需要修改的意见及时反馈给各部门，督促它们再次进行数据修改，各部门在11月底再把修改好的数据交给财务部，财务部对资料再度进行整理，然后转交给CEO审核，这样就形成了二次预算，反复同上的流程，财务部形成3～4次方案后，时间差不多就到了12月中旬，这样今年的预算差不多就做到完善了。

根据案例不难看出，L公司的预算是相对科学的，体现了预算在公司中的先导作用，公司的各个部门都积极地参与到公司的预算编制过程中来。经过三四遍修改后的预算，虽然不能说百分百的准确，至少可以说误差不会太大。

3. 通过预算，企业可以做到合理对成本进行控制，估计未来企业赚取的利润

古人云"凡预则立，不预则废"，这句古语形象地说明了做好企业预算的重要意义。企业预算在一定程度上，避免了企业开销的盲目性，让老板与管理者做到心中有数，同时也是对员工的一种目标规划与约束，帮助企业对计划进行协调，提高企业的经营效率与管理利润，有利于实现企业价值最大化。

◎ 分解找到策略，提前制定

相信很多企业都会有这样的场景，老板在年度大会上豪言壮语地要实现比去年营业额翻几番的目标，战略目标制定之后，年底的效果往往不是很乐观。如何实现目标，这需要一定的策略。

企业完成不了年底制定的目标，其中的原因是多方面的，可能是由于企业的战略目标没有深入到公司的管理层当中，或者是在执行目标的战略问题上存在着很多问题。企业的目标应该分解为具体的数据目标，找到良好的对策是关键。

还是之前3亿元的案例，3亿元的目标制定出来之后，如何来完成呢？这就需要科学的策略，比如做好市场调研、发布广告、加大促销等，都是为完成目标所做的优秀策略。企业应该做一个总括的策略目标，然后把大策略分解到每一个季度每一个月每一天上，分解到每个大区每个办事处每个业务员的身上。分解到每个人身上的时候，业务员也要自己进行策略分析，看看用什么方法来早日达成目标。

娃哈哈成功的市场投放，给了我们一个启示。娃哈哈最早是以营养液的身份进入市场的，然后进入到果奶市场，随后娃哈哈又推出了非常可乐，迅速成为与"两乐"相抗衡的饮品。娃哈哈是如何快速准确地完成销售目标的？靠的就是策略。

首先，娃哈哈最早走的是"农村包围城市"的市场战略，娃哈哈集团准确地看到了中国农村乡镇市场的空白，采取迂回的战略，利用自己在农村市场良好的市场形象与准确的营销战略，快速占领农村市场，用极短的时间做到与"两乐"相抗衡。其次，娃哈哈建立了强大的营销手段，扩大农村市场的网络营销，控制做到农村市场的市场终端；然后在农村城镇完善后采取向大中城市扩展的战略目标，以守为攻，保持平衡牵制对手。最后，娃哈哈集团坚持走品牌路线，扩大营销市场。娃哈哈通过独特的"联销体"销售网络和创新的理念在激烈的市场竞争中站稳了脚跟。

在后来的企业兼并浪潮中，娃哈哈并没有急于兼并小型企业，而是不断加强对自己的认识，正确评估自己和对手，正所谓"知己知彼，百战不殆"。企业兼并在带来资金的同时也带来了风险，企业的最终目的是实现企业利益的最大化，所以既要看清楚形势又要考虑清楚企业现状，切勿跟风模仿。娃哈哈在洋饮料进入市场之后，迅速做出振兴民族企业的决定，把自己的利益与民族利益结合在一起，这样的爱国产品营销计划，迅速得到国内消费者的认可，使得娃哈哈在国内市场如鱼得水。

娃哈哈为了完成目标，采取了一系列的政策方案，通过对企业的延伸，完成了企业的任务，推动了娃哈哈集团的稳健快速发展。

对于很多企业来说，往往愿意花费巨资来为公司量身定做战略方案，可是方案制订之后如何来实行，这又是一个让人头疼的事情。要做到目标与策略一致，需要花费巨大的心力，总的来说主要策略如下：

1. 良好的财务目标是企业完成目标的关键

具体的财务目标也就是要做好企业的财务预算，这是企业盈利的关键。在之前的先预后立章节，我们已经做了详细的介绍，即做好财务预算对企业的重大意义。但是在分解企业的财务目标时，也需要一定的计谋与策略。要清楚地知道企业处在一个什么样的发展阶段，我们一定要按照企业的发展规模、发展前景、发展行业等来制定相应的发展战略目标。根据各部门职责与任务的不同，再将目标分配到各个部门。

2. 找到目标客户

企业为了完成目标，一定要找到符合自己产品销售的准确客户群，这对于企业的定位非常重要。针对目标客户来制定总体目标，发展企业的现有客户群和潜在客户群，要达到客户的满意度和扩大市场占有率，这是企业完成目标的关键。

3. 内部管理讲求策略

为了完成企业的目标，企业要不断地改善内部管理，制定相应的奖惩制度，使之能够满足财务目标和客户目标，强化部门与部门之间的职责，使企业能够最大化地得到发展。

4. 加强企业的学习，提高创新能力

"人有知学，则有力矣"，这是汉代著名学者王充的观点，说明了学习的重要性，当代企业也是如此。企业与企业的竞争，归根到底是企业素质、能力的竞争，时代的发展对企业的要求日益提高，要想在竞争中立于不败之地，企业需要不断地加强学习，提高创新能力。学习的目的是为了学以致用，企业要学习才能不断地发展进步，这不仅是对管理者的要求，更是对整个企业员工的要求。

学习需要时间，如何来正确管理自己的学习时间；学习需要积累，是否能够正确认识学习的重要性，才是能否学好的关键。多读点对企业有用的书，少参加几次没用的饭局，时间就有了。学习需要动力，企业的动力来自于企业自身求发展的意识，以及企业外在的压力。如今市场竞争压力很大，各个企业都能感受到来自外界的强大压力，这无疑成为它们前进的动力，越来越多的管理者通过不断学习来加强自身修养，一些企业还不定期地召开企业培训大会，提高员工的专业技能和思想素质，不断地为企业注入新鲜血液，知识与财富能够紧密地结合在一起，无疑也可以说是企业的一种进步。

◎ 分解目标落地，立即执行

在今天听来，"纸上谈兵"注定会成为人们饭后的谈资。赵括因为"纸上谈兵"而败北，而现在很多企业由于王括、李括等领导者的泛泛而谈，不把目标分解落地，同样会注定企业的失败，所以目标分解后能否立刻执行，是企业能否完成目标的重要影响因素。

近年来，随着经济的不断发展，企业的执行力成为企业发展的重要内容，甚至可以决定企业的兴衰。很多企业往往把失败的原因归结于战略目标的不成熟或者是策略的问题，却往往忽视了企业执行力的问题。

满街的咖啡馆，为什么只有星巴克一枝独秀；超市千万万，为什么沃尔玛能够成为誉满全球的大型超市？这些都跟企业的执行力是分不开的。几年前，企业把更多的心思放在战略目标的制定上，而现在企业更多地认识到执行力对整个企业发展的重要作用。没有执行力，企业的战略就只是一句空话，企业的执行力成为决定企业成败的重要因素，应该提高到一个新的高度来重新认识它。

海尔总裁张瑞敏先生曾经说过这样一句话，"一个企业的领导人，要具有监督任务落实完成的坚韧毅力"，这句话形象准确地说明了对于一个企业来说执行力的重要性。很多企业一项任务分配下去之后，领导不闻不问，只关注问题的结果。下面的员工为了图省事而偷工减料，最终结果不尽如人意。所以，一个优秀的企业要想做到完美，必须加大执行力的贯彻。举个沃尔玛完美执行力的例子。

大型百货在美国的行业链上看，似乎是无利可图的。但是沃尔玛的创始人山姆·沃顿，却凭借精准的执行力成为世界五百强之首。在过去的四十年里，有很多企业模仿沃尔玛的经营理念与经营模式，最终的结果都不是很理想，原因究竟在什么地方呢？首先，沃尔玛制定了独特的企业战略，采取的是从农村向城市发展的战略目标。大多数企业都是采取传统的从城市发展，而沃尔玛反其道而行之，这在一定程度上就拉开了与传统企业的距离，扩大了沃尔玛的客户来源。其次，沃尔玛员工的执行能力很强，从数据显示来看，沃尔玛的偷窃率很低，比同行业要少一个百分点，再加上沃尔玛3%的净利润，收入是十分可观的。除此之外，沃尔玛还利用集装式的大促销活动，每天提供低价的商品，满足了消费者的需求。

沃尔玛的成功,向我们展示了企业执行力的重要作用。造成企业执行力不高的原因,我个人认为有以下几个方面:

首先,企业管理者在下达命令之后,没有对目标及时跟进。这导致下面员工松懈,或者领导者本身就虎头蛇尾,马马虎虎,从小的方面来说,可能是没有对目标进行监督,没有建立完整的监督考核体系。

其次,在目标任务的实施过程当中,企业没有良好的培训体系。员工对目标任务不明确,导致在执行任务过程中出现很多问题,难以贯彻实施下去。

最后,企业的文化存在问题,没有把员工拧成一股绳。这也是管理者应该思考的问题,即如何来建立良好的企业文化。

出现了问题之后,我们就要对问题进行解决。目标任务分解之后,如何来加强企业的执行力呢?一般来说,主要从以下四个方面着手。

1. 要明确目标,把目标进行分解

首先,目标的制定一定要精确、可衡量,千万不可以模棱两可。其次,目标制定好后,要一步步地分解下去,管理者要跟踪到位。

2. 建立良好的企业培训体系

建立良好的培训系统,要求总裁级、主管级、经理级等高层员工都参与到培训当中去,并将培训的内容传达给自己负责管理的下属,以防止他们对培训内容不加复习与应用,造成培训的无绩效。而且要明确告诉他们,只有努力培养起优秀的下属,当公司想让你升职加薪时才会有合适的人选来填补你的位置。同时,把培养优秀下属这件事情纳入绩效考核,对于培养出优秀候选人的管理者进行嘉奖,对于没有培养出优秀下属的管理者进行惩罚，归为失职。这在一定程度上，避免了员工与员工之间相互妒忌的情况，也避免了管理层执行力不强甚至倒退的状况。

3. 加强与员工的沟通，发挥一加一大于二的优势

当工作中出现问题的时候，领导者要及时与下属进行交流沟通，把工作中出现的问题摆到桌面上，尽快找到解决的方法。一项数据显示，企业执行力不当，70%的原因来自于沟通的问题，如果沟通问题解决好，就有70%的问题得以解决，企业的执行力自然就会得到提高。这就要求企业员工与员工之间能够做到坦诚相待，多看到别人的优点，最大化地改正自己的缺点，相互进行鼓励。

4. 完善激励制度，激发员工的工作热情

很多企业善于运用鼓励法，鼓励的效果往往还很明显。大家都喜欢听到赞美的声音，善用激励能够调动起员工的热情，保证执行力的完善度。通常情况来说，激励包括三种方法，一种是听觉上的激励，中国人总是很隐晦，不爱把赞美表达出来，这样不利于调动员工的积极性，加强赞美是快速提高员工执行力的方法；二是视觉上的激励，把员工的光荣事迹通过企业光荣榜或者内刊杂志的形式表现出来，让大家都能了解到，这既是一种鼓励也是一种榜样意识，以此来激励员工；三是物质上的激励，把执行力的完善度与奖金相挂钩，做得好就有奖励，做不好就惩罚，做到赏罚分明。

第二节 战略分析模式：站在看得最远的地方

◎长短战略结合，人人都有事业观

在前面章节中，我详细地给大家介绍了企业如何制定战略目标，从时间、空间、策略等方面为大家一一做了详述。在接下来的一章里，我开始为大家讲述员工目标的设定和长短期目标的设定。你的企业有目标吗？你的企业有长期目标和短期目标吗？企业的员工有目标吗？如果没有，那么就要开始思考了，如果有，又是怎样设定的呢？

所谓企业目标，一般情况下长期目标的设定不会超过5年，中期目标一般为3年，而短期目标一般为1年，这就是企业经常用的"531"模式。如果要说比企业长期目标更长远的目标，应该就是企业愿景了。企业愿景是20世纪90年代开始流行起来的一种对企业战略概括的描述，是激励员工不断前进、奋力拼搏的动力。总的来说，企业愿景的建立十分重要，它是指引员工前进的一盏指路明灯，员工在企业里面，只有感受到企业的愿景并认同企业的愿景才会进步。从一定意义上来说，愿景是一种激励。

马云在创业的老板里面，可谓是年轻有为，曾任阿里巴巴主席和首席执行官，在2012年，凭借网上万亿元的交易额度，而被称为"万亿侯"。同时，马云也是《福布斯》杂志办刊五十多年来，首次登上其封面的大陆企业家。马云的成功除了自身的努力之外，良好的愿景也是其成功的重要原因。

第三章
卓越绩效要选对合适管理模式

马云在创业伊始的时候，目标是"每天赚到100万"，面对马云喊出的这一目标很多人都觉得他痴人说梦，完全不考虑现状。但是很快，马云就完成了"日赚100万"的目标，随后，马云又提出了"每天纳税100万"的目标，对于马云的这个目标，很多人开始追随，并一直努力奋斗。接下来的几年，我们又看到了马云的成功，他又做到了。

为什么之前几乎没有人相信马云，而随后的目标很多人开始坚定不移地相信呢，很大原因是因为大家看到了马云的努力，看到了他在树立企业愿景之后，能够把愿景目标分化为长期目标、中期目标与短期目标，同时又把每一段时期的目标划分到每一月、每一天甚至每一个人身上，看到这些，你的员工将不再认为你是空喊口号，而是死心塌地地追随你，信任你。

在生活中，关于愿景的例子比比皆是。我们从中可以看出愿景对一个企业甚至一个人的重要作用。伟人跟吹牛者的最大区别是什么？就简单从结果来看，吹牛者最后都失败了，而伟人成功了。豪言壮语之后，骗子没有了下文，而伟人开始根据目标愿景努力，最后成功。哪怕是最后的结果没有完成，我相信，员工也不会对你不满意，因为员工看到了你的努力，还有你为之的付出，大家一起奋斗过了。

企业愿景的价值主要体现在以下几个方面：

1. 加强企业的凝聚力

只有明确地描绘出企业愿景，才能使管理层、员工、合伙人以及消费者正确清晰地认识企业。从一定程度上来说，企业愿景就是企业价值观的一种体现，很多企业直接把企业的价值和目的言简意赅表现出来，作为企业的愿景。如沃尔玛公司的"顾客第一"、宝洁公司的"质量第一和正直的企业",正是企业文化与企业价值观的一种表现。员工只有认清企业文化,才能去完成这个目标与任务,同时,也是对企业员工的一种自律与约束。当个人能力与企业愿景能够良好结合的时候,完成它就不再是一件很困难的事情。

2. 企业愿景提升企业的发展空间

随着经济全球化的不断发展,企业的经营范围也在不断扩大。很多企业的愿景随着社会的进步不断升华,在原有愿景上都加上了与环境共生、促进人类发展等高层面的愿景,如强调"人类健康信条"的强生公司的理念,"尊重革新和创意"的3M公司的理念,"强调持续革新和改善"的摩托罗拉公司的理念等。从一定程度上来说,愿景的目标越高,企业提升发展的空间越大。

3. 有了企业愿景,才有新事业的诞生

企业愿景是企业长期积累发展的结果,树立良好的企业愿景,可以使企业从量变发展到质变。企业因为有了共同的愿景,大家就能朝着一个方向去努力,无论是企业还是个人,都凭借这些积累不断前进发展。

企业核心经营管理模式的源头来自于企业的愿景,在此基础上把愿景进行分析,划分成长期目标、中期目标、短期目标,从短期目标开始,一个个地去实现,再把目标划分到每个部门每个人的身上,建立完善的奖惩制度,让每项任务与员工的绩效相挂钩,这样就形成了一套完善的绩效管理模式。

如何让员工能够最大程度地完成目标呢?这就要先搞清楚员工为何要到企业去工作。

1. 在这个社会当中，每个人都有自己的使命与责任

大多数人去工作为的是保障基本生活，这就是生活观。在生活得到保障之后，人才会考虑自己的发展观、事业观，企业管理者了解这些很重要。很多企业都有自己的一套考核制度，在很多情况下，员工都对企业的绩效考核不满意，为什么会出现这样的情况呢？绩效直接是与业绩和奖金挂钩的，很大程度上是因为此时的员工更加注重的是生活观，而忽视了个人的发展观。

2. 企业必须要加强对员工事业观的培养

把生活观与事业观结合到一起，企业才能形成有绩效的管理系统。所以，作为管理者要引导员工树立正确的发展观，一个企业一个团队，要实现良好的企业愿景，离不开完善的事业观。

总之，企业的战略目标，一定要把长期目标和短期目标结合在一起，才能实现企业的快速发展，完成企业的愿景。树立员工的事业观尤其重要，要做到这一点就要从两个方面着手，一是要建立完善的奖惩监督制度，对完成目标的员工进行奖励；另一方面是对员工进行事业观的引导，让员工更有追求，形成良好的事业观。

◎ SWOT 战略分析法，目标一一都实现

企业的卓越绩效往往体现在企业自身战略成长的过程中。在这其中，SWOT 战略分析法，是能够让企业从低层面向高层面逐一实现目标的重要选择。

任何企业从战略层面而言，都需要具备良好的长远目标，并形成充分共识的愿景，才能形成卓越绩效管理，反过来，绩效管理也可以起到促进企业战略分析并——实现目标的作用。

在绩效管理和目标实现过程的结合点上，SWOT是目前被广泛接受的一种战略开发和分析工具。其中，S代表Strength(优势)，W代表Weakness（弱势），O代表Opportunity（机会），T代表Threat(威胁)。

这种分析法研究的是企业在绩效管理同时，所面临的战略层面的不同影响：包括来自外部竞争和变化所形成的市场威胁与机会，以及企业内部出现的优势和劣势，并结合企业绩效管理的现状分析，从而形成企业整体的战略发展方案。这就是SWOT法则在战略观察角度所体现出的重要价值，如果将这样的价值和企业的绩效管理加以结合，管理者将能够赋予绩效管理以更高层面的意义。

同时，在进行战略模式的绩效管理过程中，管理者应该基于现实确立企业的管理和战略主题，包括在将来的一段时间内，企业要完成哪些较大的工作项目。如，对于将要推出的产品，应该以怎样的绩效管理方式来推动；怎样推广产品，如何进行品牌创新，在推广过程中绩效管理的作用是什么，等等。这些本身既是战略层面SWOT的研究范畴，也是进行企业绩效管理设计时所不应该缺少的关键性步骤。

我的不少学员在实际管理企业时，都会根据现实需要来形成战略主题，并体现在具体的绩效管理主题上。

他们会将战略主题划分到长期目标、中期目标和年度目标上。当年度目标获得精确定位后，企业管理者会根据空间、时间、方案、行动计划和费用的实际情况，分别考虑当年企业内外的优势、劣势、机会和威胁，并形成对每个部门的绩效考核方案。在部门内部，绩效考核方案会被继续分解，以相同的出发点和思路，通过SWOT方法，进一步分解成为每个员工的具体绩效管理目标。

具体到员工身上，他们也应该能够清楚地知道完成个人绩效目标的意义。因此，在进行员工绩效管理时，不妨也帮助他们认识到SWOT方法的重要性。下面是某学员（挖掘机设备制造和销售集团副总）站在其下属销售经理角度，所做出的一份SWOT建议：

优势——你的工作履历、能力和经验能够帮助你完成本年度的个人销售计划，尤其是去年A公司的订单成功签约，帮助你获得了这家强大的客户资源。

劣势——今年，你的团队换了几名销售人员，他们工作经验比较浅，你可能要花更多的时间和精力指导其工作，这可能会影响到你个人的工作效益。

机会——本年度，你负责的地域将进行一项由政府提供优惠政策的大型水利基础建设，这是相当好的市场机会。

威胁——本年度，外部市场竞争更加激烈，新的竞争对手H集团开始进入你负责的地域进行营销。另外，你部门的其他销售人员在业绩上也会同你展开竞争。

这样的SWOT分析，能够引导员工个人看清楚其绩效提高的各方面影响因素和综合情况，并帮助他们突破个人角度而从战略层面来分析自己的工作情况。

总体来说，SWOT分析同绩效管理之间的联系，可以通过下面的方法得以建立：

1. 建立基于SWOT的绩效考核机制

绩效考核并不是绩效管理的全部,而只是其中的一小部分,同时,绩效考核并非简单的奖惩,而是为了实现SWOT的长远目标。

管理者在建立绩效考核机制时,应该分析企业所面临的SWOT,以及考虑到不同岗位面临的具体SWOT,评估、认识和分析这四方面因素对于实现绩效的不同作用,从而获得更为客观、公正的绩效考核机制。这种机制由于并非出于管理者自身的主观臆测,而是来自于较为科学和全面的SWOT评测方式,因此,更加能够真实、客观地反映出个人和部门业绩的特点,从而指导管理层进行良好的考核。

2. 对SWOT方法的贯彻应该体现在日常绩效管理中

众所周知,绩效管理仅仅依靠年度或者月度考核,并不能产生充分积极的效果,只有在日常绩效管理被提升到企业的重要议事日程上时,才能对整体绩效提升产生充分的推进意义。因此,在企业管理者进行日常绩效管理时,必须要充分认识到SWOT的价值和作用。

例如,部门对员工每天日常工作的管理,应该结合SWOT方法,每天分析出其中某个侧面的表现,并体现在当天要求的"日清"目标中。而周目标、月目标和季度目标也就因此而能够得到逐渐的积累和完善。

3. 企业对SWOT方法的应用还应该体现在整体绩效制定上

一个企业制定未来绩效期望的出发点和标准是复杂的,其中既有主观期待,也有客观发展需求。但不应忽视的是,SWOT方法的引入,将帮助整个企业内部参加制定绩效目标的管理者更加理性地认识到获取绩效的现有基础，同时客观认识环境。在SWOT的作用下，企业管理者才能清晰面对未来，制定出积极同时科学的绩效目标。

◎ 开好年度战略研讨会

所谓的年度战略会议就是企业制定好计划与目标之后，召开策略的研讨会议，即通过什么样的方法来达到企业的目标与愿景。用简单的话来说，就是企业如何制定好目标，如何制定好策略，然后如何形成年度的主计划。

年度主计划的制定一般是在每年年底，下一年的企业目标制定好之后，就应该召开企业年度主计划会议。年度主计划主要是对接下来一年的某些时段要完成的目标进行规划，在年度主计划基础上，再继续做好接下来的季度计划、月计划、周计划。对于个人来说，也是要做好计划的，根据部门计划做好个人计划，然后对计划进行策略的分析。从上述文字我们可以看出，"目标—策略—计划"三者相辅相成，缺一不可。部门策略、员工个人策略完成之后，也就形成了企业的年度策略。

1. 在召开企业年度战略会议时，部门主管是一定要参加的

越多的员工参与到战略研讨会里，效果就会越大。这样就形成了一个群策群力的效果，员工们积极发言，献计献策，了解战略目标与策略，这在一定程度上加强了企业的凝聚力，在具体环节的执行上，员工能够做到心中有数，知道自己在做什么，接下来需要做什么，这对目标的完成是十分重要的。

2. 要记住多用数据说话，少用嘴巴说话

那很多人就开始问，我们如何来召开一个完美的年度战略研讨会呢？我个人觉得，首先要做好一些准备工作，主要是对一些数据的整理。无论是企业的年会还是周会，一定要用数据说话，通过对数据的分析，找出企业的问题与发展对策，数据决定一切。要减少企业管理者的豪言壮语，真正静下心来对问题进行客观的考虑与思索，而不是隔靴搔痒似地空喊口号。曾经有这样一段话来形容旧官僚时代的会议："决策之初拍脑袋，决策之中拍手掌，决策失败之后拍屁股（走人）。"这是一种很常见的状态，是企业应该坚决抵制与杜绝的。

在会议召开的过程当中，要严格把握好会议的整体进程，对于目标分组进行讨论，鼓励不同的意见和建议，拓展思路，争取找到最好的策略，以达成战略目标。最后，当战略研讨会议结束之后，管理者要及时把意见和建议整理出来，在企业内部把活动策划进行整合与宣传，形成相应的战略报告。

麦当劳在当今人们的生活中已经家喻户晓，可以说现在的麦当劳已经形成了一种独特的文化，麦当劳取得今天的成就，靠的就是独特的策略。

我们知道，麦当劳主要是经营美国人喜欢的炸薯条、汉堡包等快餐，几十年做下来在菜种上也没有什么创新，麦当劳能发展到今天这种规模，靠的无疑是优质的服务和强有力的企业文化。每年年末，麦当劳总部都会召开企业的战略研讨会，确定企业来年的发展目标。说实话，像麦当劳这样全球性的连锁企业是非常难管理的。餐饮业要做的就是保证产品质量和服务水平，企业从原料的采购到烹饪售卖甚至店面风格、桌椅摆放都采取一条龙式的专业服务。要保证顾客无论是在世界的哪一家麦当劳店享受到的服务都是没有差别的。

麦当劳总部有一个部门，专门负责对全球的麦当劳店铺进行巡回的监督检查，发现问题后立刻制作成意见与数据，在年度战略会议上，这个部门就会把本年度整理的数据给大家做一个演示，指出其中的问题与修改意见，想出更好的解决方案。

当然，最值得一提的是，麦当劳独特的企业文化，它们提出了"质量超群、服务优良、清洁卫生、货真价实"的愿景，这个口号深入人心，得到企业员工的认可，也被顾客认可与津津乐道，成为企业上下共享的愿景。在每年的年度战略会议上，大家思考战略的时候一定会围绕这个愿景，它已经成为麦当劳内外共享的价值观，成为公司管理中减少摩擦的一个润滑剂。

从上述案例可以看出召开企业战略研讨会的重要意义与作用。在策略研讨会上，根据目标与理念的状况，找出最优化的方案，还要考虑一些企业运转过程中出现的问题，比如人员的流失率、顾客的回头率、成交率，顾客的满意程度等。总之，战略要顶天，方案要落地，才能把宏伟的目标转化成脚踏实地的行动与成果。

◎抓好例会、周会、月会

企业的"目标—策略—计划"形成之后，还要抓好过程中的每个环节，比如常规的例会、周会和月会，保证每项环节能够按时完成，这样企业愿景目标的实现也就为时不远了。

1. 日清管理

古人云"今日事，今日毕"，在企业管理中就有一种管理方法叫作"日清管理"，简单地说就是企业管理者要知道自己的员工每天做了什么，就要求下属在当天的任务结束之后，把今天的工作日程和明天要完成的事情列个表格，通过企业的内部系统或者是以邮件的形式发送给老板，让老板明确员工一整天在做什么。

作为一个管理者，当你不在公司的时候，你知道你的员工今天一整天在做什么吗？他明天要完成什么工作吗？答案如果是否定的，那么只能说明你对员工的管理方式太粗犷了，放任的态度势必会造成员工的松懈。举个例子，你现在正在一个培训机构听管理课程，你知道你的员工此刻在做什么吗？也许有的人在聊QQ，有的人在打游戏刷微博，有的人在睡觉偷懒，但是当你推开公司的大门时，所有的一切又都恢复了正常，你看到的景象是所有的员工都在认真努力地工作。信任很重要，但是管理更重要。

作为一个企业的管理者肯定不想看到这种状况，那管理者就要想出一种新的方法来杜绝这种情况的发生。这就需要"日清管理"，以后老板只要翻看工作表就知道自己的员工在做什么或者将要去做什么。作为企业的管理者，要起到对员工的监督与督促作用，翻看工作表的时候，发现员工有些没有列入表内的工作内容要及时补充，反之，那些不必要的工作可以划掉，这样既能对员工的工作任务做好管理与监督，又能帮助员工分清工作内容的轻重缓急。

这样，有些管理者就提出问题了，员工每天填写这个工作日程表会不会觉得很烦呢？会不会有抵触的情绪呢？从一定程度上来讲，是会有这种情况出现的，但是管理者要清楚，员工的烦躁感是因为没有计划可做、无事可做所导致的。

举个生活中的小例子，我们做一个每天早上去跑步的计划，你可以按

第三章
卓越绩效要选对合适管理模式

照计划执行多久呢？一天两天可以，三天四天可以，那十天半个月呢？很多人都坚持不下来。可是，为什么小学生跑早操可以长久地坚持呢？因为个人行为被融在了组织之中。

当个人行为融入组织中后，组织就起到了对个人行为的监督作用，个人行为就会转化成组织行为。上面的例子中说早上跑步不能够被坚持下来，是因为这属于个人行为。没有组织的约束，一个人很难长时间把事情坚持下来，这种行为会慢慢丧失动力，最后导致失败。但是如果你是一个学生，那么你必须要去做广播体操，必须要去跑步，因为这是组织活动，组织会告诉你做广播体操、跑步可以锻炼身体，有利于促进生长发育。学校这么认为，老师也这么认为，学生在听了老师的话后也这么认为，再加上组织的监督与约束，做广播体操这件事情就能够被长久地坚持下去。企业也是如此，需要把个人行为融入组织行为当中去，比如日清管理和周会、月会等，当被融入组织之后，无论刮风下雨都会坚持下去。

我们可以设想一下企业没有监督的情况下，员工一天的生活。首先，员工来到公司打开电脑，然后挂上QQ开始刷微博玩农场，我曾经做过一个调查，发现很多企业员工一整天的工作效率极其低下。一天8小时的工作时间，用于纯工作的时间不会超过2个小时，一整天就在无计划地打开网页关掉网页中结束了。可是一个有计划的员工，他的正常工作状态应该是这样的，早上打开电脑，拿出自己的日清管理表格，然后一项项地去完成打钩，这样你就会发现时间过得如此之快，甚至觉得8个小时的工作时间不够用。如果每个员工都能这样去工作，那么企业的工作效率必然会非常高，我想这也是每个老板所期待的。

所以，这就要求员工进行日清管理，养成良好的行为习惯，争取提高

50%～60%的工作效率。我们可以这样想，如果每个人的工作效率提高一半，那么整体效果会提高多少？为企业带来的利润又会增加多少？这些都是老板们要去思考的。员工们每天早上拿出昨天做好的日清管理表格一项项地去完成，晚上下班之前再做好一份拿给老板去审阅，形成两表格合一，这样效率肯定会提上来。

值得注意的是，企业实行日清管理并不是为了要单纯地监督员工偷懒，它还能起到其他很重要的作用。一方面，员工每天把所需要完成的任务列表出来，久而久之就会形成一个良好的习惯，同时也加强了老板对员工工作日程的了解。员工把要做的事情列出1、2、3、4来上报给老板，老板看到后一目了然，如果员工所罗列的工作日程被老板否定掉三到四条，那么员工就要考虑下自己的工作安排是不是有什么问题，这在一定程度上起到了对员工工作引导的作用。另一方面，很多员工都是凭感觉在做事情，日清管理可以让员工更清晰地明确自己在做什么，对员工自己起到了督促的作用，这必然会提高工作效率。

2. 周会

企业还有一项重要的会议，简称周会。从名字上就可以知道，一般为一周一次的例会。内容上主要包括对过去一周所发生的重大事件进行回顾，同时对接下来的一周进行展望。在周会上让员工自由发言，最大程度地倾听员工的意见和建议，在分析中找到之前的错误并找准改正的方法。

周例会的时间一般不要太长，一个小时左右就可以了。部门负责人只要在这一个小时里把要表达的表达出来即可，要找准重点，不要磨磨唧唧说些无关紧要的事情，这样领导自己讲着烦，员工也不爱听。这就要求部门

第三章
卓越绩效要选对合适管理模式

负责人能够对部门的全部情况了然于胸。员工可以在总结中对号入座，找出自己的不足，尽快改正。在企业的周会上，领导尽可能多地表扬一下下属，要知道夸奖力量的重要性，多鼓舞下员工的士气。

很多人会说，每周的例会枯燥无味，根本没有存在的意义。但是你要知道，每天计划顺利的实施度影响着一周，一周的计划完成度又决定着月计划的完成度，从理论上来说是环环相扣的。具体的执行分解策略在上文中我们已经详细进行了阐释，可参照马拉松的案例。

很多事情都需要坚持，养成一种习惯之后它就会成为你生活中不可或缺的一部分，之前提到过让员工养成制作日清管理计划的习惯，在周管理的过程中，同样也要养成开周例会的习惯。我们都知道天安门广场的升旗仪式，每天雷打不动，无论是刮风下雨，还是严寒酷暑，每天五星红旗都会在天安门广场上冉冉升起。企业也是如此，必须要形成一些雷打不动的习惯，比如日清管理、周会和月会。

我的一个学员，工作了三十年，每周都习惯写工作日记。他会在日记里面写些工作生活中出现的问题以及感受，经过一段时间之后就回过头来翻翻看，对过去一周发生的问题及时进行分析，吸取经验，总结教训，生活和工作都被自己安排得井然有序。若干年之后，他终于成就了属于自己的一份事业，他的成功可以说离不开他擅长总结的好习惯。

假如一个人从小就养成了记日记的习惯，并一直坚持下来，那么他的人生就被文字完整地保存下来。对企业来说也是一样，如果企业能把每周例会的内容记录下来，并装订成册发放给每位员工，保证人手一本，这样不仅能加深员工对企业的了解度，对于新员工来说，也可以更好地了解企业历年的状况。下面这个案例让我们详细了解L公司是如何召开企业周会的，其过程是怎样的。

L公司是一家服装公司，企业连续多年每周都召开企业的周会，经过几年的发展，公司的各项制度井井有条，业务发展迅速，已经成为了行业龙头企业。我们在此借鉴学习下他们是如何来召开企业的周会的。

在会议召开之前，L企业的相关会议负责人要做好准备，比如把时间定在几点几分，这个时间最好固定下来，不要随意改动，让大家形成习惯，也好提前做准备。为了避免在发言过程中思维不清晰而导致会议目标无法完成，或者跑题，企业负责人还需要提前制作一个简短但是逻辑思路明确的会议纪要大纲，有利于理清思路，提高会议效率。L企业在会议进程当中，需要各个部门之间群策群力，发挥自己的优势，充分进行沟通。做市场最重要的就是沟通与协调的能力，还有良好的团队配合精神。对于很难解决的问题，部门之间应该同心协力。比如L公司之前有一个推广会活动，需要企业召开会议进行讨论，发挥整个集体的创造力和想象力，想出吸引人的海报和助销工具，这不再单一地是设计部门的任务与工作，我永远觉得1+1的效果会大于2。

在整个会议的召开过程中，还需要一个思路清晰、文笔很好的人做好会议记录，及时将会议形成的决议和意见做好整理。在会议结束之后，需要有一个书面文稿出来，记录下讨论的内容，明确任务完成的时间和监督人，加大后续监督力度，保证执行到位。

3. 月会

在一周例会的基础之上，我们又延伸出了月会，即一月召开一次定期会议。很多公司把这场会议的启动时间放在每月的1～5日，并把它戏称为"月度烧烤会"。会议期间各部门经理要向总监和其他各部门经理汇报上月的任务完成情况和下月的计划。大家在会议上热烈讨论,在上一时间段企业完成了什么样的目标,对于完成的要进行鼓励与表扬,对于没有完成的要把问题放到桌面上,让所有人进行评论。对于完成不好的部门,真的可以说是进行一次"烧烤"了,此时的部门负责人往往会如坐针毡,为了下个月不再遭受这种被"烧烤"的滋味,只能发奋努力,争取做到更好。每个人都有这样的心理,希望自己做的事情得到表扬,能够被领导所重视。在每月的月会上,谁做得好谁做得不好往往都会一目了然。对于做得好的部门来说,这应该是无上荣耀的时刻。由此可以看出"月度烧烤会"对企业的重要促进意义,老板对各部门的绩效看得一清二楚,也在一定程度上促进了各个部门之间相互对比促进,提高了工作效率。

◎为季度战略进行"健康体检"

"月度烧烤会"之后就迎来了季度战略会,季度战略会是"月度烧烤会"的总结与延伸。每个季度都要对当季度即三个月的目标完成情况进行分析,经过三个月的努力,我们可以通过分析来做一个简短的讨论与总结,找出我们这三个月来哪些是做得漂亮的,哪些是有待改进的,哪些是有问题的。

曾经有人做过这样的一个比喻,说企业的季度战略分析就好比是人们去医院进行体检。我们都知道,每个人一到两年就需要去医院做一个健康体检,看看自己身体的各个器官是否在正常运转,做到心中有数,对于身体中出现的小毛病,给予治疗,保障整个人体机能健康正常运转。企业的季度战略分析会,跟人们的体检一样,企业也需要定时体检,以保证整个企业的正常运转和企业愿景的实现。通过季度战略的分析会，可以更好地找出企业几个月来的问题，大家群策群力，促进季度目标的实现。

企业的季度战略分析会是对企业进行管理与操控的具体方法，能够让管理者准确认清当前企业的发展形势。这是对企业"月度烧烤会"的一个总结，同时还对企业年度战略的设定起到了承上启下的作用，做好企业的季度战略制定，有利于保证接下来年度战略完成情况的高质量与高水准。

企业的季度战略分析会是对过去一段时间工作的总结，在态度上必须做到诚恳与实事求是，且具有说服力，回顾过去三个月的工作，找清楚失误与不足，展望接下来的一个季度，并给予大家更多的鼓励，这才是一个企业季度战略会议应该去做的。那么我们要如何召开企业的季度战略会议呢？给大家举下D公司的例子。

某个周五的早晨，D公司的高层们坐在会议室里，静候会议的召开。与以往不同的是，他们都露出了期许的目光，因为这次要召开的是季度战略会议，会议内容包括对企业的战略调整，对过往一个季度的问题进行分析，还包括接下来的一段时间里新一轮的公司行动方案。

时钟指向九点，会议正式召开。此次会议由战略管理部主任主持，我们可以看到他略带紧张，先是通过PPT的数据显示，简单分析了各部门在过去一段时间里的发展情况。接下来，各个部门的负责人对自己所负责的战略目标进行简短的介绍，并对上一季度市场环境的变化及对本部门的影响做一个分析，然后指出下一个季度的重点发展目标与相应的战略决策。

参会的部门负责人注意到这次的季度战略会议与之前稍有所不同，公司的20项目标分别被黄、绿、红三种颜色的指示灯所标记。黄色代表在上个季度中完成情况很差，绿色代表完成情况一般，还需要继续努力，红色则代表超额完成目标,表示战略是没问题的。而且相关的指标与发展情况都做了很有深度的分析,连同改进的意见和建议都一同放在了PPT上。各个部门的负责人针对出现的问题尽可能地发表自己的意见。会议按照计划有条不紊地进行着,与会人员都被这种新奇的方式所吸引,积极地去研究讨论。经过一个多小时的讨论,企业对之前不合理的战略进行了修改,鼓励了在之前一个季度表现良好的部门。在会议的最后,热烈的掌声响起,D公司的战略研讨会议成功召开。

对于D公司来说,这次季度战略会议起到了一个里程碑的作用,D公司前期经过三个月的时间来验证年度战略的实施是否存在问题,并在此次会议上建立了新的战略管理体系。此套体系包括战略规划、战略执行与战略完成的情况。公司对此战略体系进行监督与追踪,查看其完成情况,可以说,此次战略回顾会是确保季度战略体系成功运作的一个重要标志。

一般的企业召开季度会议,往往就是看下企业上个季度的销售情况,尤其是财务这一块,不会像D公司那样形成完整的体系进行分析与讨论,更不会对战略目标进行调整。而形成体系之后的季度战略分析会,不仅要对企业的业绩进行分析,还要对企业目标完成不佳的原因进行分析,跟踪企业绩效表现,加强企业的执行力,这是企业季度战略分析会的最终目的。那么,要开一个有绩效的季度战略会议要注意些什么呢?

1. 找准关键,提出解决方案

在企业的战略会议召开过程中存在着很多问题,而最重要的是企业战略会议的中心目标不够明确。在很多企业都会有这样的问题,那就是企业问题难以聚焦。一般有两种情况:一种是企业报流水账式,各个部门把财务情况照本宣科地读一遍就以为任务已经完成了；而另一种情况则是企业的会议议题选择有问题，很多不是战略性的而是企业在运营过程中出现的问题，比如招聘或者一些技术问题，导致企业季度战略会议目标不够明确。这就要求企业在战略会议议题的选取上不要过于注重在细节上，也不要试图全面覆盖，而是把更多的注意力放到企业战略目标与发展前景上进行分析与解决问题。

2. 会前认真准备好会议报告

会议效果的好坏很大程度上取决于会前的准备情况。在很多企业的会议上，与会人员都存在会议前资料准备不充分的情况。不知道自己该在会议上说些什么，结果会议上的宝贵时间都被用来讨论一些基础的事情，而重点的战略内容反而被忽视了，这也拉低了会议整体的效果。

简单来说应该是这样，当要召开企业季度战略会议时，作为部门负责人应该把本季度的销售情况做一个系统的数据调查，看是否完成了目标。如果业绩不达标，要找出不达标的原因和补救措施，以及接下来由本部门的哪个员工来负责这个问题。做好这些准备，在会议上领导者就可以一目了然，省去了很多不必要的环节，也有利于企业管理者对问题做出准确的判断。

华润集团在做业绩报告上在业内算是非常成功的，是值得很多企业学习的榜样。在2005年之前，华润集团要求技术分析部门对集团的总体营业情况和季度报告进行分析，并形成一个完整的报告，报告的内容主要包括前文中提到的KPI（关键业绩指标），整体报告围绕它来写，并针对出现的问题添加一些策略分析，有时还会对同行业进行一些比较。在做了几年之后，华润的高层对这种汇报模式仍旧不是很满意，觉得没有形成一个完整的战略目标。所以华润集团形成了新的报告模式，要求各利润中心开发战略地图，深度开发KPI，形成一个完整的企业战略模式。

3. 掌握好会议的议程，评价客观

对于一场会议来说，最大的敌人就是无休止的讨论，无休止的讨论往往会造成会议人员的烦躁感，非常不利于会议效果，所以，适时把握好会议的节奏与讨论时间，是十分必要的。

为了提高效率，应该让整个战略分析会议围绕绩效和战略进行讨论，一般来说，企业对战略问题的讨论与研究主要包括财务目标和非财务目标。财务目标不言而喻，是指企业的财务指标和销售业绩等，而非财务目标则包括客户的满意程度、渠道的开发与优化、设计产品的修改率与退货率等指标。在每个目标上都需要一个负责人来负责。很多公司在会议过程中，往往存在个人感情色彩偏重的情况，对出现的问题进行指责，而不是开诚布公地讨论问题，这是需要企业注意的。

在当前的企业管理中，越来越多的企业认识到战略会议召开的重要性与必要性。战略管理是一个"目标—分析—调整"的过程，对于提高企业的工作效率、明晰企业的工作内容是十分必要的。

◎问题总在"摇篮"中覆灭

在很多企业里，员工都会觉得很累很焦急，因为不知道什么时候老板会突然把自己叫到会议室里面去开会，这个会议一开就是一个下午或者一整天，整个人都要待在那里开会，而不得不放弃自己手上的一些很重要的工作，浪费了很多时间。很多企业总是选择在出现问题的时候开会，而企业又是不断地出现问题，所以就出现不停开会的现象。

我们在之前的问题上列举了大大小小的会议，可是大家有没有注意到我们之前的会议是问题会议还是战略导向会议呢？

所谓的问题会议，就是出现什么问题大家马上召开会议解决问题。而战略导向会议就是我们前文中大篇幅出现的定期召开的会议，看企业的战略导向是否存在问题。我们可以很清楚地看到问题会议的弊端，就是问题出现之后再召开会议，就会使企业陷入混乱之中，所有的常规都会被打破，要知道补救远远没有未雨绸缪来得好。

王经理是一家IT公司的技术部门人员，他常常会被突如其来的会议打乱工作思路。尤其是在做一套完整的Java编程的时候，一个会议导致完整的思路被打断，而在经过大半天的会议之后，王经理往往脑袋空空如也。

可是在公司出现问题的时候，老板召集大家召开紧急会议，王经理也没有办法，只能放弃自己的工作，全身心投入到老板的号召下。当企业出现问题的时候，企业管理者希望可以集结所有人的智慧，用最快的方式解决问题，这一点我们是可以理解的。可是临时紧急召集所有的员工开会，老板只是考虑到了效率问题，却没有考虑到对人力资源的浪费；另外，员工还在考虑自己手头上的工作，这实际上并不能达到理想的高效率。

要改变这一现状，就要做到把问题扼杀在"摇篮"里。把问题会议改变成战略导向会议，定时去组织会议，让问题在战略讨论中解决，而不是召开会议解决无休止的小问题。因为问题会议转化为战略会议后，企业就会慢慢地从偶然转化成必然，企业的领导和员工也不用再那么慌张，按部就班地发展，终究能完成战略目标。

第三节　因材施教模式：适合的才是最好的

◎ 实现任务分工的卓越管理模式

要建立卓越的绩效管理模式，才能保证企业稳步发展。我之前做过一家公司的顾问，帮助他们建立了一套完善的管理模式，到今天我们可以完整地看到企业的进步，把这个案例给大家分享下，让大家看到建立分工卓越管理模式的重要性。

D公司是一家专门生产棉纺织梳理器材的工厂，简单地说，它们生产的器材可以把棉花生成纤维，然后这种纤维可以生成面料，而面料经过加工又生成了服装。所以这种机器被很多服装面料厂所收购。

但是在2010年由于受世界经济危机的影响，服装业成为受影响最严重的行业之一。我们可以看到服装业的上游是面料加工厂，而面料加工厂的上游则就是类似于D公司这样的棉纺织梳理器材公司。从当年的数据显示来看，2010年较2009年，整个年度的销售额下滑了10%，看着惨重的销售业绩，企业老板再也坐不住了，开始寻找顾问公司来帮助他们提升企业的绩效。在遇到我之前，D公司的老总先后找了两家顾问公司，两家顾问公司都说要建立一套完善的绩效考核制度，但是由于期间各种各样的原因，导致绩效考核制度进行得虎头蛇尾，员工也是怨声载道，最后的结果是不了了之。

D公司的老板认为是这种西方引进的管理模式不适合中国国情，所以不能完整有效地建立起来，但是看到企业乱作一团的情况，老板又着急起来。后来一次机缘巧合，我遇到了 D 公司的老板，他知道我是做关于企业绩效顾问的，所以向我开诚布公地谈了很久，把企业的问题给我列举出来，并邀请我去做他们企业的顾问，帮助他们改善困境。盛情难却之下，我就来到了 D 公司。

我首先给企业的高层讲解了什么是高效的绩效管理模式，听完之后他们恍然大悟，D 老板说："原来我一直以为绩效就是考核，只要建立一套完善的考核体系，再加上适当的激励制度就可以了，现在看来好像并不是那么一回事。"后来我开始给他们公司的高层进行培训，大概三天之后，他们才了解什么是绩效，我帮助他们成立了一个项目小组，负责公司绩效模式的建立与完成情况。

2012 年我再次来到了 D 公司，由于卓越绩效模式的建立，整个企业精神面貌发生了很大的改变。我们可以看下 D 公司的企业数据，公司在 2011 年的销售额跌至 25% 时，出现了逆增长的趋势，到 2012 年利润已增长了 55%。从这些数据中我们可以看出，良好的绩效管理对一个企业的增长是多么重要。D 公司的老板更是拿出一个证书给我看，我看到上面写着"中国企业绩效管理模范单位"，落款是中国纺织协会。D 公司的老板喜悦溢于言表，激动地握住我的手不放开，我很理解 D 公司老板当时激动的心情。因为在中国获得绩效管理模范单位的企业少之又少，而获得这一称号的又都是像联想、海尔等这样的大型企业，D 公司这一殊荣足以让业界感到震惊。

后来在一次饭局上，这个老板讲了一段很有哲理的话，让我觉得受益匪浅。他说："在之前我一直试图带领我的员工们一同前行，我鼓足所有的勇气往前冲，冲了好远后回头发现我的员工们还在原地，我没有办法只得掉头重新回到我的团队,带领他们重新去走另一条道路。可是现在很少会再出现那样的情况了,因为我们现在建立了一套完善的绩效体系,它让整个企业变得井然有序,公司的业绩自然而然也就上升了,这一切都归功于高效的绩效管理模式。"

企业的绩效管理模式在于可以让老板高效地对员工进行有效的掌控,快速提高工作效率。以前D公司的老总每月工作都安排得满满的,而现在他只需要每周工作三天就可以了,虽然只工作三天,可是他却觉得比之前轻松多了。这就是企业绩效管理的巨大作用,老板去做老板的事情,管理阶层做好管理的事情,执行部门负责去做好执行,部门之间做到职责与分工明确。当然,经过事实的验证也是这样的。企业老板制定了战略,员工们就立马去执行,如果战略存在纰漏,很容易就在短时间内露出马脚。这对管理层的要求很高,可以让管理层把精力集中于企业战略的制定上,而不是把眼光集中到零零散散的小问题上,这样就大大提高了企业的工作效率,当然这些都需要高效的绩效管理模式来支撑。

一个企业如何才能做到高效运作呢?就是良好的企业分工,部门与部门之间、上级与下级之间各司其职,而卓越的管理模式正好能够满足这一点。当我们不知道如何来对企业进行良好的管理时,良好的绩效模式会给我们以启迪,让我们从中得到启发,在我们毫无思绪的时候,企业绩效模式也会让我们找到新的方向。那么卓越的绩效管理模式有哪些特征呢?

1. 追求卓越的领导

卓越的领导力是绩效管理模式的重点要求,因为一个企业需要一个能力超群的人来制定战略目标,具备高领导力的人要负责制定整个组织的原则与要求、价值观和短期的绩效发展目标。除此之外，当然还需要高质量的企业决策水准，需要激发整个团队的优势与能力，对各方面的利益关系进行调和，并用自己独特的人格魅力和价值观来影响整个团队，带领大家走向成功。

2. 以顾客为发展导向

整个团队要树立起以顾客为导向的观念，把顾客的意愿也发展成为提高企业绩效的经营理念。企业在对新产品进行研发和推广的时候，一定要站到顾客的立场上多思考：他们到底喜欢什么、需要什么，哪些因素会影响到顾客的满意程度。要快速建立起与顾客的良好关系，增加顾客的信任感，在出现问题时，多尊重顾客的意见和建议，在满足顾客利益的同时，努力发展新技术。

3. 注重培养员工的学习和创新能力

员工是企业的财富，更是高绩效的主体。要应对瞬息万变的商业竞争，一定不要停止学习。同时不断的学习还会使企业目标得到不断更新，以促进和完善企业的高绩效系统。组织的学习能力是一个不断适应的过程，不仅增长了知识，还提升了整个团队的专业素养。当然学习的形式不用过于拘泥于传统，参加培训、组织学习活动、知识的分享与标杆的学习都是可以的。提高员工的知识与创新能力，对于高绩效的管理也会起到促进作用。

第三章
卓越绩效要选对合适管理模式

◎ 不卓越就会不习惯

对于一个企业来说,我们需要一套良好的管理模式来管理整个团队,我们在之前已经详细介绍了企业应该如何建立一套高绩效的管理模式。只要你用心去学习领悟,哪怕只是按照我前面讲的内容,落实好日清管理、周会、"月度烧烤会"、季度战略分析会、年度总结大会与策略分析会,在管理上至少也可以获得60分。当然,如果你是一个能力突出的人,再拥有一些优秀的能力,比如说较强的语言沟通能力、准确的分析判断能力、激励下属的能力与优秀策略能力等,那么你将会是一个优秀的企业管理者,那么对于这套高绩效的管理模式,你至少可以获得90分。

我之前为大家讲的这套卓越的绩效管理模式,是专门为企业所量身打造的,值得企业管理者好好地去学习一下。

卓越绩效管理模式可以保证企业的绩效管理不至于太粗犷。而没有完善卓越管理模式的企业就可能趋于粗放管理,导致一片混乱,出现很多很多问题。所以我希望大家都能够了解认同这种卓越的绩效管理模式,从老板到管理层再到每一个员工,都能够对其认同,这样执行起来困难度就会降低很多,企业一定会走上管理的正轨。

同时,企业要能够把这套卓越的绩效模式转为常态化,变成习惯之一。所谓的常态化,是说企业建立好这套体系后,每天要进行日清管理,每周要召开例会,每月要进行"月度烧烤会",每季度要进行战略分析会,每年要进行年度总结大会与策略分析会,按照这个模式与流程常年进行下去,每天、每周、每月、每季度目标的完成,最终会保障年度目标的完成。关于常态化，还有一种理解，就是要把卓越的管理模式转化成一种生活习惯，每天不完成任务就会觉得不习惯，当这种行为逐渐养成的时候，高绩效管理模式也就变得简单轻松起来。就像我们之前文章中讲的天安门前的升旗仪式，无论刮风下雨我们都能看到五星红旗冉冉升起，这已经形成了一种习惯，是不可间断与终止的。这就是常态化的结果。当然要养成这种习惯不是一朝一夕的事情，给大家看个案例。

李经理被调到一家外企部门做经理，由于上一任经理做事从不拘泥于小节，以至于很多员工养成了惰性，比如上班穿戴随意，甚至有穿拖鞋的现象出现，还有员工做事马马虎虎不认真。李经理来到公司的第二天就发现了很多问题，于是他下定决心改变这些问题。他是一位懂得管理并且善于管理的人，他没有用激进的扣工资或者修改制度的方式来改变员工的现状，而是采取了一种更为温和与循序渐进的管理方法。

某日，李经理召开了一次会议，会议上召集了各个部门的负责人与保安队长，他说要给大家足够长的时间，让大家改掉穿戴不整洁的现象。李经理希望以此为突破口，改掉大家马虎不认真的坏习惯。说明了立场与目的及重要性之后，李经理开始把一些规则介绍给部门负责人和保安队长，具体流程如下：首先，先花三天的时间让部门负责人与员工及保安进行交流，让这个理念深入到每个人的心里面；然后由人力资源部门找一张标准的模特照片放到公司的大厅，作为良好的形象标杆和大家的模范榜样；最后，从第四天开始执行，由保安队队长带领众保安在厂区门口进行执法监督，发现穿戴不整洁者确认其所属部门，由部门负责人到厂区入口来领人，不得有误。同时要求保安队在执法的过程中，不可与员工发生冲突，对于态度恶劣者进行严厉的处分。

这样经过了大半年的时间，员工穿戴整齐的好习惯就被逐渐养成，员工粗心马虎的状态也慢慢得到了改善。

从上述案例中我们可以看出：一个好习惯的养成需要一个循序渐进的过程。它需要很长的时间来养成，不是一朝一夕的事情。李经理说，在这个任务刚执行的第一个月，他还要时不时地出现在厂区的入口处来监督保安的执法。这样既能避免保安与员工发生冲突，又能帮助保安权威的树立。大概持续到5个月的时候，他就不用再出现在厂区的门口了，好习惯已经被慢慢地养成。

卓越的企业管理绩效模式也是如此，只有慢慢地把日清管理、周会、"月度烧烤会"、季度战略会有条不紊地一步步完成下去，企业的愿景才能得以实现。高绩效的企业管理模式也会慢慢地建立稳固起来。

◎人力资源各尽其才

高绩效的卓越管理模式，第一步是什么？了解了之后，你可能会说是要设定一个高标准的目标，那设定完目标之后应该去做什么？你在学习了前面的知识之后，可能会说，是把目标进行分化，落实到每天。从日清管理会开始，经过周例会、"月度烧烤会"、季度战略会到年度总结大会，但是，你是否知道管理的最终目的是什么吗？答案很简单，是对人力资源的充分利用。

张震和赵硕既是好朋友，也是同事，有一天赵硕找到张震聊天。

赵硕：我觉得我可能跟王经理之间存在一些问题。

张震：为什么这么说呢？

赵硕：因为我从年初开始到现在就跟王经理聊过一次，那次他给了我一本小册子，让我按照上面的去做，可是已经快一年了，他什么都没有说，但是我感觉他好像对我很不满意，他从来没有跟我讨论过我的绩效问题。

张震：应该不会，我从来没有听过他对你不满意，你这样自己猜测也不行啊，你可以去找他聊聊，看看工作到底有什么问题？

赵硕：我也这样考虑过，可是我发现他真的很忙，不是在出差就是在开会，要不就是跟客户聊天。我根本没法插上话。

张震：那你现在在做什么？

赵硕：我在做我认为很重要的事情。

张震：我给你一点建议吧，我觉得你应该做些王经理认为重要的事，而不是你自己认为重要的事，先这样吧，有机会再聊。

后来经过一段时间，张震听到了一个关于赵硕的消息，赵硕被王经理辞退了。张震感到很震惊，后来张震又遇到了王经理，两人说起关于赵硕的事情来，具体如下：

张震：你为什么把赵硕给辞退了呢？

王经理：我觉得赵硕整天无所事事，绩效太差了，而且做得很多事情都不是分内的事情，我觉得这件事情我很不能接受，所以我就把他辞退了。

然后张震把他曾经和赵硕的那段对话告诉了王经理，王经理长叹一口气说："那我又有什么办法，他连重点都分不清，只能怨他自己了。"

上文的案例，针对王经理和赵硕到底谁的责任更大一些，有很多人进行过讨论。我做了一项数据统计，认为领导王经理责任大的人占85%，而认为员工赵硕责任更大的人占15%，我们来分析下，到底谁的责任更大。

有一句话这样说，"没有管不好的下属，只有做不好的领导"，说的大概就是王经理和赵硕这样的情况。先来分析领导王经理，他作为一个领导，只在年初和辞退赵硕的时候跟他照过两次面,这显然是不对的。作为一个领导,要把任务分配明确,期间对任务要跟进,对可能出现的问题进行分析指导,多与下属沟通。不沟通的结局很明显,赵硕在忙自己认为很重要的事情,而王经理希望赵硕忙他认为重要的事情,最后两者不一致,导致王经理辞退了赵硕。那么赵硕的问题是什么呢?在察觉有问题出现的时候,没有及时跟领导去沟通,我不认为王经理很忙,这只能怪赵硕不积极主动。

如果他们公司建立了有效的绩效模式,还会出现这种问题吗?答案肯定是不会的。因为高绩效的管理模式,把所有人都纳入了系统之中,上下紧扣、层层相连,这在一定程度上避免了人力资源的浪费。给企业管理者一个良好的忠告:作为管理者,一定要多与自己的员工进行沟通交流,及时避免执行过程中出现偏差。卓越的绩效管理模式,是为企业指明了发展前进的方向,避免了人力资源的浪费。

第四节 查缺补漏模式：管理模式可以再完美一点

◎查缺补漏，持续进步

在大多数的情况下，企业领导在分配完工作任务之后，没有与下属进行沟通，只是坐等看结果，这样做很多情况下都是一个结局，就是任务完成不了。但是企业如果建立了完善的绩效管理模式，在一定程度上就形成了一个闭环的管理模式。

1. 此套系统可以通过绩效考核、问题追踪、信息反馈等进行查缺补漏，保证企业的持续稳健发展

1945年，第二次世界大战结束，日本成为战败国，国内一片狼藉，工业百废待兴。日本作为战败国，由美国接收帮助其发展工业经济，在此期间，美国向日本输送了大批的科学家和经济管理学家，L教授就是其中的一位。由于大批专家和新技术的介入，使得日本的经济快速发展。

但是日本在发展的同时也出现了很多问题，日本的工业发展迅速，但是假冒伪劣产品制造业极其猖獗，这在一定程度上拉低了日本的经济发展水平。但是经过一段时期的调整之后，日本的经济开始迅速回升与发展，甚至一跃成为仅次于美国的工业强国。很多人都十分惊讶，为什么日本的发展能够如此飞速。

后来在一次记者研讨会上，记者问 L 教授，日本飞速发展的秘密何在。L 教授饱含深意地一笑说："其实很简单，日本的崛起靠的就是每天进步一点点。"这种持续的进步，让日本发展成了经济大国。

有记者很不解地问："要做到每天进步一点点很难，那请问日本是如何做到的呢？"L 教授说："其实，日本的成功应该归功于一套叫做 PDCA 的管理模式。"

说到这里，很多人开始好奇，到底什么是 PDCA 管理模式，它真的有那么大的魔力，可以让日本一跃成为领先世界的超级大国吗？

2. PDCA 高效管理模式是一种闭环的模式

PDCA 管理模式主要包括四个步骤，即绩效计划、绩效过程、绩效考核和绩效反馈，四个步骤之间环环相扣紧密相连，形成了一个闭环的管理模式。从计划的诞生，到绩效的过程、绩效考核，再到最后的问题反馈，这样就保证了企业在运行当中的完整性与进步性，闭环管理的优点就是保证企业的不断成长与发展。

我们企业之前的产品合格率为 95%，那么运用 PDCA 管理模式之后整个企业的管理就形成了一个闭环管理。闭环管理的优越性我们已经进行了说明，95% 的产品合格率没有关系，我们可以通过优化战略、不断升级，找策略加强执行力度等方式来改善系统，这样慢慢发展下去，合格率就会提高 0.5%，这 0.5% 加入到原来 95% 的合格率上，就形成了 95.5% 的合格率，这就是进步。完成 95.5% 的合格率之后又制定了 96% 的合格率的目标，按照上述的 PDCA 闭环管理模式，经过一段时间的调整完善，又会达到 96% 的合格率。周而复始，合格率达到 100% 就不再是一件很困难的事情。日本就是凭借PDCA高效管理模式做到近乎完美的。

查缺补漏持续进步，应用PDCA高效管理模式，每天进步一点点，有朝一日，终能达到事业的最巅峰。

◎上通下达，高效管理

管理者与下属之间也是一种绩效管理模式：管理者给下属下达任务，下属有了工作目标后开始执行、努力完成，最终的成果会成为管理者对下属考核的指标，管理者通过指标对比，得出员工的绩效是否令自己满意。在这一过程中，最重要的一个环节就是上通下达，唯有如此才能高效管理。

当管理者制定了一个目标之后，在要求下属完成的同时，更要肩负起对下属管理的责任。例如，监督下属工作情况，与下属一起召开策略研讨会，及时查看每天的完成情况等。当然，管理者还要帮助下属尽可能完成目标，比如为员工提供一些有利资源，当下属出现问题的时候，要及时帮助下属解决问题。如果目标提前完成，要第一时间对下属进行鼓励，若是目标没有完成，就要对目标进行调整，鼓励下属努力达到目标。

有句话说得好，细节决定成败，管理者还要注意以下细节问题：

1. 为避免在执行过程中出现很多问题，管理者要及时与下属进行沟通

古语中说："知人者智，自知者明。"这就要求管理者不仅要了解自我，更要及时了解下属，包括了解下属的性格、特长、爱好、生活状况以及行事风格，这对于企业的发展以及任务目标的完成都有很大的帮助。

2. 了解下属的生活需要、心理需要和发展需要

生活的稳定性是事业发展的前提与保障。作为管理者，还要及时准确地了解下属的生活情况，例如，当下属生活有困难的时候，作为其上司要及时给予帮助，这对员工来说无疑是雪中送炭，会让员工觉得自己遇到了一个好老板，从而更加卖力地工作。所谓的心理需要，是指及时与下属进行沟通，解决下属在工作中出现的疑惑，让员工保持健康的心理状态。而发展需要，则是"礼贤下士"。古人讲求知遇之恩，现代社会也是。当员工为企业做出了一定贡献，管理者也要努力为员工提供一个更好的发展平台、更大的空间，同时也要让员工看到前途和希望，使其有更大的动力忠诚于企业。

3. 在员工执行目标的过程中，管理者要及时跟进、监督，或不定时检查、询问，保障员工达成目标

当管理者给下属设定了某个目标后，要对其执行过程进行管理，主要内容是监督员工是否按照既定要求完成了目标。

很多员工在不会解决某个问题的时候，向管理者讨教："这个该如何完成？"管理者不妨抓住这个机会，对员工进行有效的辅导。

辅导工作完成后，管理者再监督员工的执行环节，这个过程中，管理者虽然不需要参与具体工作，但起到了一定的指挥作用，让员工工作起来更有安全感。

当工作有一定成果时，不要急于庆祝，管理者不妨通过绩效考核，对员工进行奖励。

值得一提的是，奖励和惩罚只是手段，并不是管理者的最终目的。与其一味地惩罚，不如在平时就打造监督工作体系，并将其列入日常规划中。

此外，管理者还应做好应急预案，当问题真正来临的时候，第一时间提出补救措施，避免因为错误的举指而使前期工作功亏一篑。当某个阶段的目标完成后，管理者应及时总结，提炼经验，找出不足。这样管理者才能在不断查缺补漏的过程中，改善管理模式，使之趋于完美。

◎业绩未达，多找原因

对管理者而言，部门业绩未达预期目标是再正常不过的事。但没有谁长期甘心落后，愿意与成功失之交臂。当然，影响业绩的因素有很多种。这时，管理者就要多分析失败的主客观原因，其中，主观原因是重要因素。

1. 找出主客观原因

解决问题的前提是发现问题。主客观原因是多方面的，例如，客观原因可能是企业的目标制定得过高、企业资源的支持力度不够等；主观原因可能是所运用的策略不当、计划有问题、执行力度不够、反思力度较小、信息反馈能力比较差等。管理者要做的就是合理地分析主客观原因，通过一步步分析，找到问题的症结。

2. 找到原因后改善现状

L公司是一家上市的服装公司，公司的主要业务是品牌服装，之前的发展前景一直很好，但是从进入2012年之后，企业的业绩一再下滑，公司多次召开会议分析出现这种问题的原因。L公司简短地分析了从2011年开始消费疲软、品牌竞争日趋严重等客观原因之后，重点分析了出现这种状

况的主观原因,具体原因如下:

公司从上市以来,直营门店的不断扩增、服饰的设计日趋多样化造成了企业的人力资源和资金的紧张,虽然后续取得一定的效果,但决策成本普遍偏高,这对后续的收缩与资金上带来很大的压力。

针对这些主观原因,L公司及时做出战略调整,缩减之前的品种数量,回归到最初的男装、女装、童装和配饰四大系列,在保持现有店铺质量的同时,减小店面的扩大速度,增加客户对产品的新体验,撤销现有的事业部模式,回归产品线制造。

L公司经过上述的调整,在第二年开始出现回弹的趋势,企业效益得到了回升,这归功于其对自主的主观因素的调整,业绩未达标时,多从主观方面去思考,一定会有所改善。

◎时间管理,领导轻松

作为一名企业的管理者,你是否仔细核算过,自己花在绩效管理上的时间占据工作时间的50%、60%,还是80%?假设你花了70%的时间用于绩效管理,那么剩下的30%的时间又做什么呢?

面对这个问题,许多管理者都无解。换言之,不清楚时间都用在哪里的管理者,也不善于时间管理。他们每天做大量的工作,看似忙碌不堪,最终达成的绩效却少得可怜。因此,想要轻轻松松当领导,就要学会时间管理。

1. 以绩效为出发点,完善目标与策略

很多管理者都为部门制定了日会、周会、月会。但管理者更应该清楚,这些会议不只是个形式，所有会议的制定都应该以绩效为出发点，这样才能在会议中不断完善目标，修正策略，提高工作效率。

我们做一个假设，时间管理被充分地应用在了企业的管理模式上，并达到了轻车熟路的地步，管理者就会变得格外轻松，每月只需工作三天——这三天需要做什么呢？

首先，第一天用于企业月会，领导可以跟员工一起对上月出现的问题进行分析并制定完善的修改意见和建议，第二天用来与员工进行沟通交流，看员工在工作与生活当中存在哪些问题，第三天用在季度战略会议上，管理者可以找一些员工谈谈话交交心。剩余的20多天，管理者可用于了解市场行情，多方寻找资源，分析自己企业与其他企业之间的差距，完善目标与策略。

2. 战略一旦制定，就要立刻落实行动

管理者想要高效地进行时间管理，就要确保战略在制定的同时让下属立刻落实行动。但是前提是战略在大方向上不存在过多问题，否则就会对整个企业造成巨大的损失。这就对管理者在制定战略时提出了更高的要求，即抓重点，解决关键问题。那些琐碎的、无关紧要的问题，管理者大可交给员工处理，而不必亲力亲为。

3. 想要迅速出结果，就要当日事情当日完成

我常对学员说："应当重视工作中的每一件事情，因为它们都有可能对绩效有好处。但同时也要做到日事日清，否则日积月累就会对绩效造成不良影响。"

如果说卓越绩效管理模式会让老板相对轻松很多,那么,日事日清则会让管理者有效避免工作积压,提高整体工作效率。

第四章

卓越绩效要建立全面考核系统

第四章
卓越绩效要建立全面考核系统

第一节 绩效学习系统：三种模式保障卓越绩效

◎多、快、好、省达成绩效

关键业务指标即KPI（Key Performance Indicator），是对绩效评估的几个关键指标的考核，也就是说，KPI是对员工工作效率和工作效果的衡量参数，概括来讲就是多、快、好、省。

劳动力、劳动资源和劳动对象是企业生产的三个基本要素，劳动者运用劳动工具改变劳动对象的过程就是企业的生产过程。劳动力是企业生产过程中最重要的因素，企业要评价员工是否做出了成绩，做出了多少成绩，都需要一个明确的考核指标。因此，建立行之有效的绩效考核系统，是十分必要的。

KPI是现代企业进行业绩考核普遍认同的方法，它不仅可以让主管部门明确自己的主要职责，也可以对部门人员进行业务考评，从而确立KPI指标体系，以做好部门绩效管理。这样就出现一个总分的格局，公司、部门和个人各自建立一个目标体系和绩效体系，即公司的目标是什么、绩效是什么，然后将目标分配给各个部门，这就是各个部门的目标是什么、绩效是什么，各部门再将这个目标分配给各部门员工，这就是各个员工的目标是什么、绩效是什么。这样的绩效考核，不仅可以责任到人，而且可以随时查看完成率，做好监督工作。

1. 绩效目标的建立,是为了激励员工

我们要明确这只是一种管理手段,而不是说一定要把这个目标定在什么位置上。众所周知,当一种资源是可见的,对它的掌控也是容易的,而人力资源是不可控的,这不仅造成了管理难度的增加,而且容易损伤员工的积极性。在没有考核系统和绩效目标的时候,多干少干得到的是一样的薪资,这是不公平的,绩效目标的存在就是为了让有能力有斗志的人,充分发挥其积极性,创造的价值跟自己付出的努力是成正比的。

2. 好高骛远、缺乏分析、不考虑资源支持是经营者为下属定制目标的时候容易犯的错误,另外如果心太软则很容易被下属公关

由此看来,绩效目标的设定应该考虑的方面很多,如上级单位的要求、长期规划的要求、该区域经济水平、内外部顾客的期望、历史数据、员工数量,等等。所以,绩效目标的设定应该是跟下属通力协商的结果,但不是完全被下属的意见所左右,要沟通、要协商,但更要分析。

3. 绩效目标的设定必须合理,必须遵循 SMART 原则

SMART 原则即 Specific(具体的、明确的)、Measurable(可衡量的)、Achievable 或 Attainable(可实现的)、Relevant(相关的)和 Time-bounded(有时间限制的)。

4. 绩效目标的量化与细化,没有量化就没有管理

这里我们探讨一下量化目标,把岗位职责用关键绩效指标表现出来就是量化,很多工作岗位的工作很好量化,例如销售人员的销售指标,翻译

第四章
卓越绩效要建立全面考核系统

人员的翻译文章数目，完成了就是完成了，没有完成就是没有完成，很好计算也很好掌握。但是像有些工作是不容易量化的，即便量化了也不一定能做到客观，比如研发部门或者是行政部门，他们的工作不是简单地可以用固定数量和时间来掌握的，应该怎么办呢？

我们以前台的工作为例，前台的工作之一是接听好电话，这该怎么量化呢？这就要对接电话的速度做要求，电话响三声就必须接起，不能让电话响了半天，前台才慢悠悠地接起来。前台还需要接待访客，怎样做到量化呢？不是说一天规定要接待多少人，因为访客的多少不是前台能控制的，这时候就需要规范前台的礼仪，做到礼貌专业地接待来访者，如果实在很忙抽不了身，也应该先让来访者在沙发或者休息区稍微等一下，不可以将来访者晾在那里，不管不问。

我们要对不能量化的工作尽量做细化，不能细化的工作尽量流程化。很多职能部门的岗位，工作较单一，像打字员，只需要每天不停地打字就可以，不可能用量化或者细化来准确衡量。这种工作可以合理安排工作流程，针对每个流程，我们可以从多个维度来衡量。

KPI提取的四个维度是：数量、时间、质量、成本。数量可以是销售收入、产量、新上市产品数、频率、客户拜访量等；时间可以是交货及时率、期限、资金周转天数、库存周转率等；质量可以是产品合格率、通过率、达标率、顾客满意度等；成本可以是预算达成率、折旧率、损耗率、成本降低率、目标达成率，等等。根据各个行业的情况，具体问题具体分析，这里我们以一个销售人员为例，来看看他的KPI是如何计算的。

我们只需要用多、快、好、省这四个维度来衡量就可以了，"多"就是指销售收入，"快"就是指回款速度，"好"就是指顾客的满意度，"省"就是指销售费用损耗率。

5.KPI 数据分解之后，更困难的是KPI数据的收集

为了让KPI形成有效的数据指标值，在每一个考核周期里，必须进行数据收集。数据支持是KPI考核的关键环节，如果不能客观、全面、完整地收集数据，势必影响考核的进度。

提高企业的效率，精简一些不必要的机构和流程，是KPI的最终目的。KPI将企业的战略目标层层分解，使得每一个员工的个人绩效与部门绩效和公司的整体效益直接挂钩。通过对KPI指标的把握，从而掌握员工工作效率和企业战略目标完成率，企业与员工的双赢才是企业长期发展的王道。

◎提升素质为绩效加分

关键素质指标即KCI（Key Competency Index）。什么是素质？素质是驱动员工做出优秀工作的各种个性特征的集合，也就是说素质的表现形式并不是唯一的，通过员工的知识反映出来的是员工的素质，同样通过技能反映出来的也是员工的素质，员工的素质还可以通过员工的个性和内驱力等反映出来。

市场竞争毕竟是激烈的，企业要想取得长久的发展和繁荣，就必须加强企业内部管理来提高整体实力，其中员工的素质能力是企业绩效管理的重要内容。一个人的素质高低是直接反映在其行为上的，比如这个人随地吐痰或者恃强凌弱、以大欺小都是素质低的表现，而一个员工的素质能力水平直接变现在其业务能力水平上。

第四章
卓越绩效要建立全面考核系统

工作业绩考核和素质能力水平考核是企业绩效管理系统的两大方面，员工的工作业绩考核是与其所在部门、个人职能直接相关的，可以从工作任务的完成情况，对工作质量、完成数量及其时间等方面进行评估。素质能力水平考核则与其责任心和团队合作态度有必然联系，人们经常说，"你想走得快就一个人走，你想走得远就大家一起走"，这句话充分印证了团队合作能力的重要性。总之，素质能力水平考核是对员工能否完成工作任务、能否全面履行岗位职责的有效测验，是决定能否为员工绩效加分的重要条件。

以一名篮球运动员W为例，W的绩效好坏是从他的篮板数、得分数、投篮命中率以及助攻数等方面综合考核的，这些参数是可以从我们之前说过的KPI角度衡量出来的。可是，如果W在场上只注重自己的得分，而丝毫不顾及队友，不传球给队友，那可能导致整个球队输掉比赛。所以，为了不让这种情况发生，团队负责人会规定KCI考核标准，这就包括团队合作和集体荣誉等指标。

这些考核指标就是素质考核的一部分，另外，还包括身高、体重、身体的协调性等一系列身体素质的考核。素质指标的设立，是为了保证团队的整体实力得到增强，而不单单是某一个人强，而对这些影响因素的考核，就是KCI考核。

1. 员工的素质是判断他能否胜任某项工作的起点，也是决定并区分绩效差异的个人特征

通常情况下，员工素质能力评价是采用360度行为特征评估法，即360度测评。较理想的KCI考核是设计每项素质对应各个分数等级的行为描述，

然后根据各个员工的表现，考核其相应的素质等级，进行分数统计。通过对员工行为特征的评估，也可以建立良好的行为标准，为员工做好行为导向。

360度测评看似简单，只需要根据被评价人的行为标准在各个对应的等级中找到与之对应的行为表现进行打分就可以了，但是测评的设计却令众多企业头疼。一个评价工具的设计需要考虑的问题是多方面的，比如怎样将行为特征转化成没有歧义的问题？怎样设定评价等级？怎样描述评价标准？这些问题的设定都直接影响测评效果的客观和公正。

2．这里考虑到行为特征的强度和频率

我建议企业采用由二维标准构成的等级分数评价法，它可以较全面地反映出一个人的行为特征表现。强度、频率可分为三级到四级，即被测评人在某项素质能力方面的表现是优秀、良好、一般还是差，频率高低程度可以用0～5分来表现被测评人在各自对应等级中行为表现出现的频率高低。

我们之前说过，KCI考核是按照预先设计好的行为描述，根据被考核者的日常行为进行打分，这样就存在很大的不确定性以及主观性。为了让结果更加贴近实际情况，我们采用了360度测评。在360度测评中，被测评人的上级打分权重占测评结果的50%，同级打分权重占20%，直接下级权重占30%，这样的一个比例相对而言是能够比较真实客观反映实际情况的。

有人会质疑KCI考核在绩效考核中真的那么重要吗？事实的确如此，它不单单意味着你可以放心地将工作交给一个员工，而且这个员工会给你创造意想不到的财富。在工业经济时代向知识经济时代转变的阶段，我们要清楚地认识到，企业最大的财富不是工业产出，而是人才，什么样的人才是企业最放心的员工？

3. 不仅是掌握核心技术的人才，企业要确定这个人才是不是为我所用

如果一个掌握了企业核心技术的工作人员给企业一种随时要跳槽的危机感，那这个人一定不会是受到重用的人。在确定忠心的情况下，能力越高越好，在不确定忠心的前提下，能力越低越好，我相信这是每个企业用人的规则，没有一个企业是甘愿为别人培养一个高技术型人才的。

这里我们列举一个上海制造企业的案例，企业对管理者提出了"关注细节"的素质要求，其中明确要求管理者要善于通过行之有效的方法，协同和指导下属排查本部门职责内相关细节，以及有可能影响全局的漏洞，确保工作目标的顺利完成。

通常在一个企业里，需要半年或者一年进行一次 KCI 考核。因为可能一个岗位上就有二三十个人，对这么多人进行打分，需要一个很长的周期，在这段时间里，一个人的行为是依靠伪装还是真实流露就显得有迹可循。长期的相处观察，大家会对彼此有一个更充分的认识，在合作的过程中，也可以感受到团队的影响力，这个时候 360 度测评就更容易进行打分了。

提升素质不仅是个人事业发展和企业长久发展的需要，而且还可以为绩效加分，百利而无一害，何乐而不为呢？

◎ 把握阶段性绩效一个都不少

过程性、阶段性工作目标即 GS（Goal Setting），是对工作范围内一些相对过程性、阶段性、难以量化性重要工作的完成情况的考核方法，是对 KPI 考核的补充，弥补了 KPI 完全量化所不能反映的方面，而且更加全面

地反映员工尤其是基层员工的表现。

很多人一说起绩效，就会想到考核，其实更重要的是管理，这也能反映出现代企业重考核、轻管理的绩效考核思想。尽管绩效考核是绩效管理的核心，但考核并不是最终的目的，我们不应该为了考核而去考核，而是为了促进企业发展。

对于企业的管理者而言，阶段性绩效回顾会议是必不可少的环节。它能够确保实现企业持续战略管理流程，而且阶段性绩效始终将重点放在目标的绩效达成情况，能够发现问题并及时修正来解决问题。这样不仅提升了管理者的责任感，而且能够确保公司管理团队始终聚焦于变革管理，并有效地进行后续跟踪计划。

绩效不仅仅是结果绩效，也包含过程绩效。阶段性绩效是指员工在考核时间内应该完成的主要工作及其效果。阶段性绩效目标的设定流程是：先了解公司战略，明确部门绩效指标，然后对职务进行分析，设定工作要项，最后对关键区域设定绩效指标。

很多人不能很好地区分 KPI 考核和 GS 考核，虽然二者都是通过量化考核的，但 KPI 更注重结果，GS 更注重过程。KPI 以结果为导向，GS 以行为为导向；KPI 是由客观的计算公式得出，GS 则由主管经理评分得出；KPI 一般是考察有直接控制力的工作，GS 则一般考察无直接控制力的工作，由此我们得出 GS 是对 KPI 考核体系的补充。

每个企业都有一些阶段性的工作，比如一个员工可能这段时间只需要处理培训事宜，但过了这段时间他就只需要去盘点仓库，下一次的工作可能又是活动执行类的，像这种情况我们无法用常规的 KPI 考核，只能用 GS 考核。

同时，大多数企业目前正处于学习管理阶段，可能对多数工作的考核更适合使用 GS 考核。这里我们来总结一下 GS 考核适用的范围，首先是如财务、人力资源、行政后勤等不易定量衡量的岗位，其次是像开发研究、法律、审计等需要很高的独特技能，侧重点应该是衡量专业技能的岗位，最后是像风险投资等新业务。当然 GS 也有不适用的方面，比如销售人员的销售业绩，或者对业绩有更高责任的高层管理人员。

阶段性绩效一般选取几个主要的评价要素，并对每个评价要素设置好相应的权重，如及时性、完整性、准确性以及系统性等。

在企业管理中，经营管理状况能够通过一个个阶段性绩效呈现出来，但是当企业管理者急功近利，纯粹以盈利为导向时，假冒伪劣就会层出不穷，钱权交易就会屡禁不止。所以，阶段性绩效的乱象有很多表现形式，但其共同特征是统计数据与受尊重的程度成反比。

在阶段性绩效中，企业管理者在特定工作周期内所做的努力通常与其结果成正比。一般情况下，一个好的 GS 可以衡量在该岗位成功所需要的技能、品质、价值观等一些难以定量的业绩组成，而且应减少与 KPI 指标的重复，最大程度地减少评估中的主观因素。

GS 能给我们的工作带来怎样的帮助呢？首先，帮助我们树立每月清晰的工作目标，使我们的工作更加有条理性；其次，帮助我们追踪工作完成情况和完成进度，有利于寻找绩效短板并对改进提供依据和保障；最后，有效地弥补了 KPI 的不足，通过过程对 KPI 进行有效分解，并形成行动过程。

1. GS 的目标来源一般分为四类

来源一是为完成某项工作所采取的计划和策略，来源二是重点工作，来源三是工作短板，来源四是岗位基础工作。首先设定工作目标，最好设定

4～8项，且每月的工作目标应突出重点和动态性；然后要设置每项目标的权重分数；第三步是填写绩效标准，在这里我建议大家填写绩效标准的时候，采取"结果+关键步骤"的方式，因为关键步骤的填写有利于员工养成系统思考问题的习惯，也有利于主管与员工的沟通，而且抓住关键问题，有利于迅速找到解决问题的方法；第四步是填写潜在障碍，在工作任务完成过程中，会遇到潜在障碍，这时候与主管的双向沟通，能够促进双方达成共识，这不是推卸责任，而是针对障碍，寻找解决措施。

2. 绩效管理系统是企业各种管理系统的纽带，是各种管理系统能够良好运作的前提

建立一个科学有效的绩效管理系统，是成功企业共同的特点。绩效管理能够提高员工的绩效、开放团队的潜能，帮助企业实现其绩效的持续性发展，而且能够形成一个更加以绩效为导向的企业文化，提高员工的工作满意度，增强团队的合作能力、集体荣誉感。通过交流和沟通，在企业管理者与员工之间建立开放性的关系，为员工提供了一个表达自己意愿、展现自己能力的平台。

总而言之，绩效管理系统的建立是一步一步实施、慢慢发现问题逐渐完善的过程。在这一过程中，我们必须不断进行尝试、及时总结经验和不足，才能促进绩效系统的建立。

希望更多的企业管理者们通过对GS考核法的学习和研究，增强各个阶段性工作考核的有效性和科学性，推动企业长久高速发展。

第二节　绩效考核系统：完善绩效考核系统的五个关键

◎关键业绩指标有多"关键"？

关键业绩指标（KPI）是绩效管理的基础，关键业绩指标的设定是绩效管理的重要环节。通过绩效考核和与之相对应的激励机制的结合，能够充分调动员工的积极性，激励员工努力工作、提高业绩，最终实现企业的持续发展。

当一个公司的经营状况整体下滑的时候，人们会很自然地联想到这个公司考核哪些指标？这些考核指标是不是正确的？KPI可以把重点放在任意指标上，例如，放在财务指标上，即日现金量、各个部门的运营收入，也可以放在非财务指标上，即从接单到出货所用的时间、新产品的销售百分比等方面。

但是一个科学的KPI设置应该是具有前瞻性的，它能够帮助企业管理者预测发展前景，突出运行中的问题，并及时加以修正。我们怎样才能确定KPI？怎样才能在绩效中找到KPI的来源呢？这就需要讲究一定的方法和策略。

在这里，我们采取最简单的"傻瓜相机法"来确定KPI。喜欢拍照的朋友都了解，专业人士拍照用的相机是单反的，而非专业人士多使用"傻瓜相机"，因为"傻瓜机"已经预先设置好了光圈、焦距的参数，不用自行设置，为不懂得专业相机使用的人们解决了后顾之忧。对于这种预先设置好参数，可以直接拿来用的方式，在绩效考核中同样适用，公司只要按照这种模式，最终也可以确定员工的KPI。

员工KPI的来源有三个，第一是企业KPI，第二是岗位职责，第三是企业的指标库。

以我国电信行业为例，分析现行考核指标的不足。在我国电信行业中，有大量的考核指标，总公司对各省公司有一个考核指标，各省公司对各个地市分公司有一个考核指标，各个地市的分公司对各个部门又有一个考核指标，这是一个完整的考核体系。它所暴露的问题在于：首先，这里面的定性考核指标太多；其次，指标未能落实到具体岗位；第三，各个部门与岗位间缺乏沟通协调方面的考核指标；第四，个别指标的设置不合理，导致多个部门之间的工作存在交叉。

这就需要对职工的考核指标进行整理，提取出关键业绩指标。

关键业绩指标的制定，很多人觉得是人力资源部门分内的事情，可事实上这是一项关系到全体员工切身利益的基础性工作，它不单单是人力资源部门的事。不可否认，人力资源部门是绩效考核流程的制定者，主导着整个绩效考核系统的运作，但是企业领导才是真正的推动者，企业员工才是绩效的主人，是绩效的直接参与者。所以，要建立一套行之有效的绩效管理系统，应该是员工、管理人员、人力资源部门和企业管理者共同参与的。

对于大部分以生产为核心的经济活动，员工的业绩评估相对而言较为容易，只需要将员工生产产品的数量同预先设置好的指标或者之前的生产指标作对比就可以了。但是对于前台接线员或者市场分析人员，他们的绩效指标应该如何制定呢？

第四章
卓越绩效要建立全面考核系统

在由工业经济时代向知识经济时代转变的过程中，员工的绩效考核不仅更加困难，而且也更加重要。无形资产所占的比重迅速上升，企业管理者也意识到，在知识经济迅速发展的今天，对其指标的考察也应该提上日程。但是目前没有哪一条准则是经过验证证明是有效的，也就是说在对无形资产进行绩效考核这一领域，尚处于摸索阶段，我们只能按照系统的手段来探索。

1. 创意也有价值

我们来看一个例子，分析一下这里面的两个员工到底谁的价值更大。

员工A和员工B同属一家网络公司，A想出了100个广告创意，其中有10个是可用的，B想出了20个广告创意，其中也有10个是可用的，而且有一个是能为公司带来巨大收益的。怎样来衡量A和B的价值呢？

其实这个问题并不是像我们想的那样，而是应该考虑到一切商业活动的最终目的都是为了顾客，顾客有什么样的产品需求，就决定了这个商品的价值。

2. 多种表现形式

由于知识型员工创造价值的表现形式是多样的，因而对知识型员工的绩效考核不能只注重眼前的、短期的利益，他的价值有可能是增加了公司的声誉也可能是增加了知识，这两者是同样重要的。

在20世纪70年代的时候，施乐公司PARC研究中心研发了图像用户界面，在当时只有苹果和微软是直接获利的，这一项研发大大提升了施乐公司的声誉，之后也为公司带来了难以预料的利益。

知识创造财富的方式，可能不仅仅是我们看到的外在的、一时的收益，也可能是通过在无人了解的前沿领域创造出属于自己的声誉，进而影响到财富利益，声誉是公司的底线。

3. 寻找专业领域的优秀人才

在业绩指标的制定过程中，由谁来收集问题，找到这个能为公司带来价值的创意者。寻找这个人不是为了简化资料收集过程，而是要让最适合的人做最合适的事情。

4. 不同工作不同指标

对于一个电脑咨询公司的咨询师而言，现在的考核标准不单单是看你的销售额、销售利润，还要看你写了多少系统文件。不同行业不同行业的标准，评价咨询师、分析员和证券交易员的绩效标准一定是不同的，只有依靠团队依据各自的行业标准来制定评估标准，才会做到更好。

5. 认同企业文化

对于知识型员工的业绩考核，相比金钱诱惑而言，他们更看重的是有没有持续的学习机会，对自己能力有没有提高。这就要充分了解企业文化，如果在一家你自己都不认同它的企业文化的公司里工作，就不是有没有业绩的问题，而是自己做得顺不顺心，会不会影响身心健康的问题。我们要清楚地认识到，奖励不一定非要是钱，最有价值的东西是学习能力的提高。

绩效考核的目的就是提供反馈，让员工从中找到错误加以改正，明确员工的发展需求，提高能力水平。

在很多公司里，绩效考核的结果跟个人晋升有直接关系。当一个员工表现突出的时候，部门经理觉得应该给他晋升，就会同人力资源部门提交申请，人力资源部门就会对该员工进行考核，这时候绩效考核就是一大依据，同时将同事的反馈意见整理好，交给相关部门批准，批准之后再层层下发到员工手里。

总体来说，关键业绩指标的实质意义在于以下三个方面：在管理目的上，关键业绩指标的考核引导了员工的方向，把员工从无关紧要的琐碎事务中抽出来，将重点精力放在关注公司整体业绩指标和部门重要工作以及个人关键任务上面。在管理成本上，关键业绩指标的考核可以有效地节省考核成本，减少了主管考核的盲目性，缩短了考核时间，把企业重心放在研发新的产品和拓宽市场上面。在管理效果上，关键业绩指标的考核主要是用来检验管理中存在的关键问题，迅速地找到问题的症结所在，争取在最短的时间内正确分析并解决问题。

◎将业绩指标逐级分解

在业绩指标的分解过程中，从企业的大目标到部门目标再到个人岗位目标，这是一个环环相扣的目标链。但是由于一些企业在业绩指标分解的时候只停留在了各个部门，对个人的业绩指标缺乏针对性，导致个人与企业指标没有直接挂钩，形同虚设。还有一些部门只是简单地做分配，按照人数跟任务量将部门指标原封不动地传递给员工。其实，这种所谓的分解并不能保证任务圆满完成，业内我们称之为"指标平移"，这只是简单把业绩指标分摊下去，没有对指标进行科学分解，达不到环环相扣的关系，使得这个指标的分配从一开始就没有多大的成功率。

将一个整体目标分解到指标体系的过程是一个不断澄清、达成共同核心价值观的过程，要让员工看到企业的愿景，激发他们的斗志，在这一过程中，企业的管理者要牢牢坚持自己的底线，必须达成目标，还要让员工意识到要勇于否定、实现自我超越。

"重担子主义"的用人策略是士光敏夫在担任日本东芝株式会社社长的时候提出的，他认为我尊重你就应该对你委以重任，对于那些能够担起100公斤重担的人，企业最好能够交给他120公斤的任务，这样做才能激发他的潜能。而这条策略的实施也使得企业能够长久不衰、兴盛发达，不得不感谢他的用人方式。

业绩考核指标一定要明确，尽量不要使用"有所增长"、"有所提高"这样的字眼，而是提出"增长5%"、"提高1倍"这样的目标才清晰。但是，目标在具有挑战性的同时，一定要是科学的、合理的，不要给员工造成不可完成的印象，这样会打击员工的积极性，给人一种挫败感，要让员工在看到差距的同时，把指标当成奋斗目标来实现，这才是双赢。

强生医疗器材有限公司为他们的销售人员设定了两个销售指标，一个是基本指标，另一个是更高指标，对达到更高指标的销售人员给予嘉奖，可以有去巴黎、夏威夷等地区旅游的机会，不仅报销基本费用，还有10000元的旅游零花钱。

这是将压力转化为动力的好方法，设定科学的且具有挑战性的目标使员工得到激励。

但是，在业绩指标的设定中，企业管理者跟员工的想法并不一定是完全一致的。以衡量数量一定的目标任务为例，只需要考虑三个方面即质量、时间、成本，企业管理者认为一定要质量高、时间短、成本低，这势必就要求员工要控制成本、节省时间、保证质量，但是在员工看来，则希望对任务的质量要求不要太严苛、时间不要催得太紧、耗费的成本不要太受控制。因此，在设定的过程中要平衡企业管理者与员工在设定目标方面的分歧，科学、合理地制定业绩指标，争取在双方的可接受范围内。

怎样才能让各个业绩指标之间有科学的因果关系，环环相扣呢？这需要理清指标之间的脉络，主要的方法有三类，一是基于财务关系的指标分析；二是基于相关关系的关键成功要素分析；三是基于因果关系的指标分析。

1. 运用财务工具

首先可以通过财务关系对业绩考核指标进行分析，一些指标可以通过对另一些指标的相乘、相除或者相加、相减得出，所以对于这些业绩指标的衡量可以从计算公式入手。比如：销售净收入＝销售收入－销售折扣，净利润＝销售净收入＋其他利润－成本总额－所得税。通过这些计算公式对业绩指标进行分解，以达到细化的目的。

我们可以借助像杜邦分析评价法等一些财务分析工具，它可以非常直观地看出一些财务关系，利用这些财务运算关系，我们可以很容易地找到业绩指标间的因果关系，构建指标体系。当然，为了体现绩效管理的重点，方便考核，如果运算有重复的地方一定要简化，确保指标资源得到最有效的利用。

2. 关键成功要素分解相关关系

由于不是所有业绩指标都存在财务运算关系，尽管有些指标之间存在必然联系，但是始终无法用公式加以表示，这时候就要区分指标是什么关系，一种是相关关系，另一种是因果关系。

相关关系是指二者存在必然联系，但不见得存在因果关系，或者说产生重要影响但不一定存在可以直接量化表达的因果关系。首先要分析关键成功要素，落实到关键业务指标，然后继续往下分解，把这一简单步骤进行二级、三级或四级分解，不断寻找相关关系，最后找出整个指标体系。

3. 用因果图分解因果关系

因果图即鱼骨图，是企业在管理中经常用到的工具，在绩效管理中发挥着巨大的作用，能够帮助企业管理者明确绩效考核目标，一般是配合帕累托图一同使用。在一级分解的过程中，我们可以通过六个维度来进行分解，测量、设备、环境、方法、人员、原料，这是影响业绩最主要的六个方面，然后继续进行因素分析，分解出二级、三级，以此类推。

通过上述三种方法我们可以看出，要想体现绩效管理的科学性和公平性，是需要借助大量工具来进行的。

接着，我们来探讨一下关键业绩指标的三级分解，KPI的分解主要分为企业级KPI的分解，部门级KPI的分解，还有一类是员工KPI的分解。其中，企业级KPI的分解需要明确三个前提，第一要确定企业级KPI，第二要根据组织功能进行指标分解，第三是根据上下级的关系确定上下级的指标。

通常情况下，企业级KPI可以划分成七个业务领域，即技术创新、产品品质、利润增长、市场领先、人员配置、客户服务和IT。技术创新领域，主要是考核项目是否与市场战略一致，以及核心技术所占市场份额、新产品的开放数等；产品品质领域，主要是从产品质量和成本等方面来考察；利润增长领域，主要是从短期资产、长期资产和获利情况来考察；市场领先领域，主要是从市场占有率、参考市场份额、品牌知名度和客户流失率来考察；人员配置领域，主要是从人力资源系统、员工满意度等方面来考察；客户服务领域，主要是从服务质量和服务的及时性方面来考察；IT领域主要是针对信息的及时性和客户的满意度这两方面来考察。

这七大领域的重点考核项目尽管还不是很全面，但已经是在最大范围内将所能触及的领域囊括在内，涵盖了每一业务领域的重点考核指标，只要我们掌握了如何分析这些重点领域，就可以科学、合理地制定出符合企业发展的企业级KPI。

在确定上述七大领域的业务分区之后，很多企业会据此提炼KPI，一个企业基本上应该确立12个左右的企业级KPI，当我们把这12个指标确定下来以后，就要把它们分解到各部门和各个岗位，这也是在分解空间维度。在KPI分解过程中一般会用到两个关键的表格工具，一个是KPI从企业到部门的分解，另一个是KPI从部门到岗位的分解，这就是企业KPI的三级分解。由此形成了绩效考核表。

值得注意的是，在分解KPI的过程中，每一个岗位都要有与之相对应的指标，即要一一对应。

◎为团队绩效做"预算"

团队绩效是团队实现设定目标的实际结果，主要包括三个方面，一是团队的生产产量，即数量、速度、质量和客户满意度等；二是团队对成员的影响；三是提高团队的工作能力。

影响团队绩效的关键因素有团队的目标、职责分工、人际关系、成员选择、过程管理、成员技能以及团队激励等。

一个高绩效团队所具有的特征是管理规范、奖惩分明，它要求团队人员在规章制度面前人人平等，克服任人唯亲、决策随意的"家族式"管理的弊病，而且越是亲近的朋友或者亲人越是应该支持企业推行规范化管理，从而使决策说一不二。

这里说的决策说一不二，并不是说管理层掌握话语权不让员工参与，而是说在决策执行之前会广泛征求员工的意见，当决定已经形成并且大部分人意见统一，决策在执行中就不容许外在因素干扰，说一不二，不能随意更改。所以这也启示企业领导不要轻易承诺什么，否则就一定要言必行。

团队在组建之前，必须要明确的一点就是团队为什么要存在？团队存在的意义是什么？一般情况下，组织上任命团队通常是为了完成某一要求，所以可以由此来定义团队存在的意义。

1. 制定团队目标

团队目标的设立必须服从组织目标，团队目标是组织目标的一个细化，也是团队成员的导航，没有目标的团队就没有存在的价值。团队目标的设定要遵循SMART原则，即明确性、衡量性、可接受性、可实现性和时限性，这个原则在之前讲过，这里就不一一赘述。

这里我们用一个自然界中的实例来为大家展示一下团队目标的重要性。

在自然界中有种昆虫很喜欢吃三叶草，每次吃的时候都是成群结队地吃，第一个趴在第二个身上，第二个趴在第三个身上，这样以此类推，由一只昆虫带队出去寻找三叶草，这些昆虫连起来就像一节节的车厢。有人做了一个实验，把这些昆虫首尾相连，连接在一起，组成了一个圆圈，在圆圈里面放了三叶草，结果它们活活累死也没有吃到这些三叶草。

很多人会觉得这些虫子太笨了，其实是因为这个团队失去了目标，它们的成员也就失去了目的性，团队存在也就没有了价值。

只有制定好了团队目标才能制定具体的策略，之后的所有计划才有可能实施，如果方向选错了，怎么走都是错的。选择出正确的、合理的团队目标，将大目标分解成一个个小目标，落实到各个成员身上，大家一起完成这个目标才有意义。

2．成员选择

团队成员是构成团队的核心力量，是团队中非常重要的一部分，一个人不叫团队，三个或三个人以上才可以称得上是一个团队。

联想集团的柳传志提出了"搭班子、定战略、带队伍"的战略，充分说明了搭班子的重要性，也就是团队成员选择的重要性。不管团队目标制定得如何，都是靠人来实现的，一个团队中要有出谋划策的人、有具体实施的人、有监督的人、有负责协调管理的人，不同的人有不同的分工，但大家都是为了这一个终极目标在努力。

团队成员的选择，不是选学历最高的，也不是选择工作经验最丰富的，而是要选择最合适的，要有团队精神的而不是喜欢单打独斗的，要诚实守信的而不是夸夸其谈的，而且要尽量选择价值观相对一致、性格和能力互补的团队成员。

3．团队的定位

团队的定位是大范围的统称，包括团队和个体这两个定位。团队的定位是指团队在企业中处于什么位置，团队成员的选择和确定由谁说了算，团队对谁负责，并且采取什么样的措施来激励下属。个体的定位是指团队成员在团队活动中扮演了一个什么样的角色。

4. 权限

团队领导人权力的大小是根据团队的发展阶段而调整的。总的来说，在团队发展初期，团队领导人的权力是相对集中的，而当团队发展得越来越成熟的时候，团队领导人的权力相对而言是减少的。

关系团队权限的两个因素，一是这个团队在整个组织中占有什么样的决定权？是人事方面的还是财务方面的或者是信息方面的；二是组织的基本特征是什么？规模多大、类型是什么？以上这些都是决定权限大小的关键。

5. 换个角度看预算

很多零售业企业不喜欢预算的原因是，往往在预算还没有做完的时候就已经过时了，这是这个行业不可避免的问题，但是大家还是要在预算上花费大量的精力、物力和财力，因为预算是进行预测、实施计划和调动团队成员积极性的有力工具。

传统预算都是为了资本管理，确保收回成本，因此信息是从下往上传递，而决策恰恰相反，是自上而下传达，这是典型的纵向管理，也是一种等级森严且发展缓慢的资本管理工具，当然问题暴露无遗。

首先，在经济社会发展迅速的今天，传统绩效不会帮助企业关注当今商业所重视的绩效驱动力，很多重要指标无法被评估，比如服务质量、创新的速度以及服务的年限等。其次，团队领导人应该明确，团队成员的积极性是推动团队发展的动力,传统预算中的每一个成员的价值都是一样的,但我们都很清楚地认识到,实际情况并不是这样,在评估员工才能和工作热情这两方面上,传统预算是无能为力的。最后,传统预算的纵向管理模式决定了团队领导人只会关注团队内部流程的问题,而忽略了团队是处于整个组织之中的什么位置这一重要问题。

需要注意的是,首先,传统的团队预算是以上一年的预算额为基数,再进行加减运算,而我要在这里重点强调的是,团队预算要从战略目标开始,明确战略目标可以让团队有一个更清晰的规划,而不是只在预算额上下功夫。其次,将团队目标置于组织长远目标之中,并保持一致,一个好的团队领导者是在组织没有给你下达目标的情况下,自己制定一个目标,去询问企业管理者这个目标是否符合组织要求。最后,把预算与绩效驱动力结合起来,预算无法衡量质量和运营速度等问题,它只是一个数字,所以,我们要将达标情况单独考虑。

传统的预算只是团队领导者一个人说了算,然后将预算数字反复修改,而科学的预算是把预算作为一个团队建设项目,要整个团队一起参与,在预算的过程中建立起责任制。

这里我们以一家旅店为例,超级旅店是一个拥有六十多家连锁店的连锁公司,公司里的每一个人无论职位高低,都参与公司的年度预算制定,清洁工也要负责明年床单或者其他物品的采购量的预算。团队的成员不仅要做出预算,还要跟团队领导者一起找出降低成本的方法,这样的方法不仅有效减少了支出,增加了公司的利润,而且降低了员工离职率。

团队预算制定完成以后,要将它公之于众,并且要用预算来测评团队成员的工作进程和成绩,这也能够促使制定者去追踪和管理工作进程。很多团队在团队成员完成预定目标之后会发奖金以资奖励，其实并不一定是奖金才能让员工看出得到了奖励，在制定预算的过程中，员工参与进来并且承担一定的责任，这种学习管理技能的机会本身就是对员工的奖励。

第四章
卓越绩效要建立全面考核系统

第三节 绩效测评系统：360度评价中诞生的考核价值

◎该不该对员工进行360度评价？

通过前面的介绍，相信现在的你一定了解了360度评价的基本概念，要从企业管理者、同事和直接下属这三方收集对员工的绩效反馈。360度评价的最终目的应该是有利于员工的发展，并为之服务，而不是单纯地对企业员工进行行政管理。事实证明，对出于不同目的的测评即使是同一个评价者也会对同一个被测评人作出不一样的评价，同理，同一个被测评人对于同样的测评结果也会产生不同的反应。

这里我们列举两个不同目的的360度评价，看看员工的想法。

当360度评价的侧重点是为员工的发展服务时，评价者相对会更加公平、客观，而被测评人也更愿意接受这样的测评结果；当360度评价的侧重点是对企业员工进行行政管理的时候，如员工职位的提升、员工工资的涨幅等情况时，评价者先会顾及个人利益的得失，自然这个评价也是有失公允的，被测评人也很难接受这样的评价结果。

由此我们得知，当企业将360度评价用于对企业员工进行行政管理时，这个评价结果是不可靠的，或者说相对而言是不可靠的，而被测评人也对这个评价结果持怀疑态度，这样不仅是结果的不公正，也会造成人际关系紧张的局面。

那么企业究竟该不该对员工进行360度评价？或者说将360度评价用于员工自身的发展还是用于对员工进行行政管理？当然，这取决于企业的管理者，但是在这里，我建议尽量将它用于员工的发展上，特别是将360度评价用于管理人员的发展时，效果极其显著。

但是要强调的是，并不是不能将360度评价用于对企业员工的行政管理，而是在用之前要先跟员工如实地讲清楚，不能在评价之初告诉员工是侧重于对员工的发展，而在评价之后则告诉员工是用于行政管理，这样会使得员工对企业管理者的信心大打折扣。

值得注意的是，在决定是否启用360度评价初期，应该调查企业内部员工间的信任度高低。

如果企业内部成员之间信任度较低，建议不要使用360度评价对个体员工测评，因为在那种氛围里，每个人都觉得自己的位子岌岌可危，他们会对360度评价产生强烈的抵触情绪。这时候企业管理者可以转变测评方向，测评公司的组织文化、组织气氛，这样做可以提升企业员工间的信任度，有助于企业的发展。

如今，大多数人都要与他人合作来共同完成工作任务，这样必然带来一个问题，就是企业管理者根本无法评估其中每个人的贡献，而这就是将360度评价引入绩效考核的原因。作为企业管理者很难盯着众多员工观察他们在工作中的表现，这是毫无意义且不可能完成的工作，因为大部分员工不是在企业管理者的眼皮子底下工作，管理者不可能做到全程监控，因此在传统的绩效考核中，企业管理者是无话可说的。

企业希望看到的是员工将个人目标跟公司目标联系起来。

在办公室这样的工作环境中，主要是靠团队合作来满足客户要求，使用

360度评价可以有效地看出任务完成情况，因为360度评价要求团队成员直接评价企业员工有没有顺利完成工作要求和任务。

然而，反对在企业中使用360度评价的人认为，360度评价是有风险的，尤其是在人类的保护意识和报复意识强烈的天性面前，它违反了人类的安全心理原则，而且这种心理是伴随着反馈评价中的刺耳声音的出现而出现的，是不可避免的。实际上，这种担心并不是多余的，360度评价法作为一种企业评价方法，要想将它运用到决策和绩效考核过程中，是需要员工对企业的信任度和企业自身准备充分的，但是目前看来，大多数企业还是没有准备好的。

通常需要几年的时间才能将360度评价法与绩效考核联系起来，融入企业。因此，建议企业先花一年的时间让员工熟悉、适应这一方法，再将它应用到企业管理当中，并且需要两三年的时间才能将360度评价扎根于企业，成为企业机能的一部分。

相对于传统的绩效方法，360度测评反馈评价的优点显而易见，但是一定要将360度评价与明确的公司目标捆绑在一起，即企业为什么要用360度评价，是为了增强绩效管理体系，还是为了改变企业文化？这是创建360度反馈评价的第一步，绝对不能因为别人都在用，我们也要跟着用。

1. 对所有参与360度评价的员工进行培训

培训可以鼓励人们给出诚实的答案，然而360度评价法实施得好坏完全取决于企业管理者，即在于他把360度评价视为建设性的还是惩罚性的流程。企业管理者不能只是坐等360度评价的反馈报告，然后找员工谈话。反馈报告里不可避免地会透露出一些问题，这也正是我们寻找的关键，但是如果只是看到这些消极的信息，而忽略积极的信息，那么做360度评价就是毫无意义的。企业管理者应该把注意力放在积极的方面,这才是提高绩效的关键所在。

2. 做好后续的跟进工作

360度评价不应该在得到反馈报告的时候就结束,后续还要有计划地帮助改善状况。企业管理者要清楚地认识到,反馈问题不是关键,解决存在的问题、提高绩效才是关键。如果企业管理者没有意识到反馈结束还要有计划地改善,可能员工会对反馈结果提心吊胆,作出错误的判断,而产生个人的其他发展计划。因此,重点在于要有责任制,即被测评人在得到反馈结果以后有责任做什么,会采取什么样的措施改善这种状况。如果没有责任制,企业员工只会无视反馈结果,这样的结果跟不采用360度评价是一样的。

◎在评分游戏中进行360度评价

360度评价已经被越来越多的企业应用到绩效考核流程当中,它包含了上司、同事和下属的意见反馈,提供了较为宽泛的观点来评价员工的优缺点,这是360度评价的直观功能。但是在实践过程中它也暴露出了一个致命伤,大多数员工对于拥有支配其他同事的话语权有着深层次的矛盾心理。

很多人在评价过程中会担心影响自己的升职机会,或者造成同事之间的关系紧张,这些都是大家对测评结果泄露的担忧,因此常常会陷入进退维谷的局面。一位资深CEO说过,任何一种涉及同事间相互评估的措施,实施久了以后都会发生质变,大部分员工开始为对方说好话,以期待同样的回报,这样人人就都可以得到一个好的测评结果,而坏的一面是,有的人可能会借此机会故意丑化同事。在这样的局面下,作为企业员工的直接领导者,企业管理层人员也不想牵扯进来，但是他们还是不可避免地要牵扯进360度评价里。

如此看来，很多人会认为将360度评价纳入绩效考核范围是一个错误。其实不然，企业可以对360度评价进行改进，让它不仅可以鼓励诚实而直接的员工进行年度考核反馈，还可以满足各类机构的具体需求。

与传统方式企业管理者一人对企业员工进行业绩考核相比，我们不难看出360度评价的优势所在，它让企业管理者的绩效考核全面、客观、科学了很多。然而，企业在积累使用360度评价经验的同时也遇到了不少麻烦，一方面企业得到了变质的反馈结果却要花费更多的时间、精力和财力去调整，另一方面被测评人有可能认为这是惩罚性质的反馈，而实践证明，惩罚性质的反馈远不如鼓励性质的有效。

有人建议建立两个不同版本的360度评价，一种是为了绩效考核，一种是为了职业发展。绩效考核更注重定量的反馈，而职业发展则更多地注重定性反馈，在绩效考核里面，指标和可量化的绩效相关，如质量、成本和数量等。

众多企业在实践过程中总结出来的一条经验是，光靠数字打分是毫无意义的，特别是在为团队融合度、沟通能力等很难量化的项目管理质量上面打分的时候，数字有时候也会误导人的。

下面我们以一个部门的分数为例，看看数字是怎么骗人的。

我们都知道，在一个企业里，上级和下属对于你的评分远不如同级的评分尖锐，因为你们处于这样的一个位置，注定要有竞争，而同级人的评分也不会是坦诚的，所以就出现了在满分为4分的评分系统里，得到了3.6分的完美成绩。然而，这个反馈结果是毫无用处的，因为在实际业绩里的成绩跟反馈成绩相距甚远。

这个案例给我们的启示是：

1. 与其对那些难以量化的项目进行毫无意义的打分，倒不如根据员工达到的可量化的内部客户或者其他项目进行相互打分

比如我向一个内部客户保证，要为他的部门招聘1000名新员工，每一个员工的招聘成本固定在某一数值，且离职率控制的范围也是一个确定值，这样就可以很直观地看出有没有完成目标。

这样就将难以量化的项目全部转换成是否完成了对内部客户的承诺，完成与否显而易见，也就更加容易判断了。

2. 调整360度评价以适应企业需求

反馈工具必须适应企业的发展需求，这是毋庸置疑的，只有适合企业的反馈才是最好的，这样企业员工也会感觉测评更专业、考核结果更真实有效。在评分游戏中进行360度评价的深层含义是改进360度评价法以提高绩效。

为了避免企业员工个人对反馈的误读，有的部门在对每个参与360度评价的个人进行测评之前，都会对此次测评目的加以解释，告诉员工测评的结果不跟薪酬挂钩，而是为了帮助他们找到需要提高的地方。

3. 建立信任、坦诚的公司文化

对于企业文化的认知就是仁者见仁、智者见智了。有美国学者认为企业文化是一个企业中的各个部门至少是企业管理层共同拥有的企业价值观、经营实践方式，是一个企业内部各个部门所拥有的共同的文化现象。建立

一个信任、坦诚的企业文化能够激发员工的积极性,加强员工的责任感,凝聚员工的归属感以及实现员工的成就感。

首先,谈一下企业文化的导向作用。传播一种观念或者培育一种行为,解决人们的感情问题、态度问题或者改变人们的观念,都要靠企业文化。其次,企业文化对员工的规范作用也是不容小觑的,企业文化会对员工形成一种心理约束,能够规范员工的行为,比正规的约束效果要好很多。最后,企业文化对员工的激励作用,可以减少因物质奖励和制度规范监督所花费的高昂费用,降低企业的管理成本。

很多企业管理者也是从被测评人做到了评价者的位置,是一步一个脚印踏踏实实升职的,所以他们知道在评价的时候会出现并不诚实的言论,甚至把一个人夸成了圣人,其实这是由于管理者跟员工的沟通方式出现了问题。人们都在避免谈论有危机感的话题,故意绕开了那些痛苦的、容易引发争议的问题,其实这是完全没有必要的。企业管理者可以告知员工企业目前遇到的困难,让他们知道企业现在的运营情况不是很好,这并不是什么丢脸的事情,作为员工、作为方案的执行者他们可能比你更知道哪些细节需要改善、哪些方面存在问题,坦诚相对会让企业走得更长久。这样开诚布公地和员工谈公司的运营状况也可以让员工产生主人翁的精神,激励员工提高业绩水平。

◎如何在测评过程中去伪存真?

如何在360度评价中去伪存真,成为KCI考核的关键。我们之前介绍过,关键素质指标的考核是按照先前设计好的行为描述,结合被测评人平日的行为表现进行打分，这样的分数必然带有主观成分，那么如何在测评过程中去伪存真呢？最好的办法是采用360度评价。

自20世纪80年代开始360度评价迅速被国际上众多企业采用，全球1000家大公司当中就有超过90%的公司使用。这里说的360度评价是被测评人的上司、同事及其直接下属，各自根据事先设计好的行为描述，对被测评人进行打分，得分中去掉最高分和最低分，综合计算最后得出相应的分数，这样的得分是比较真实、合理的。

对360度评价应用最典型的莫过于奥运会赛事的评比，奥运会各个项目中大部分还是可以量化的，如跑步以时间计时、跳高以标尺衡量、举重是看杠铃的重量，对上述指标的衡量都是客观的。但是，在奥运项目中也会有很多主观性的考核，难以量化的目标，比如跳水、体操、花样滑冰等，这些项目的考核是通过评委打分来衡量的。如何才能让这个分数尽量公平、客观呢？这里就使用的是360度评价。

在一般企业里，KCI考核通常是半年或者一年进行一次，因为同一个岗位上可能有一二十个员工，对众多的员工进行打分，需要的周期是相对较长的。

KPI和GS是可以量化的业绩考核，它们的考核周期相对而言较短，可以一个月进行一次，也可以按照季度来考核。通常情况下，生产和销售部门是按照月度来考核，而财务部或者人力资源部这种职能部门则是按照季度来考核。

360度评价如果运用不好，会产生很多问题。首先，很容易成为某些员工发泄私愤的工具，很可能有员工不能正视上司或者同事的建议，将工作上的事情上升为个人矛盾，利用这次考核的机会打击报复；其次，考核成本很高，当一个员工要对多个同伴进行考核的时候，所花费的时间导致的成本过高，有可能会超过考核所带来的价值；最后，考核培训工作的难度较大，由于所有的企业员工在成为被考核者的同时，也是别人的考核者，所以组织会对所有的参与人员进行考核制度的培训，这个工作难度还是比较大的。

同理，如果只是简单地将360度评价用于人才评估和绩效考核，不仅不能为企业带来预期的盈利效果，而且还会产生一些人际关系紧张、劳民伤财和降低人力资源部门、企业高层领导威信等负面影响。

360度评价涉及企业中各个层面的人，甚至包含企业外部人员。因此，360度评价在实施之前必须得到企业高层管理人员的全力支持，才能够真正顺利开展，而实施过程中如果出现问题，也可以得到及时的解决。反之则可能引发企业员工之间的问题迅速升级，影响正常工作，甚至造成混乱局面。

在360度测评中要注意一个标准、两个统一和一个应用，这样才能提高测评的科学性。

1．一个标准

一个标准是指根据评价对象和评价目的，用最明确的话语提炼成360度评价问卷，尽量做到量化目标，采用可观察到的行为现象、结果类的描述性语言，避免采用思维类问题。这一点应该在360度评价问卷形成之前就考虑到，并进行小范围的测试，根据测试的结果修改测评问卷，以期做到更好。

2．两个统一

两个统一是指要统一被测评人对测评问卷的理解和评分准则。这个最好是由企业的人力资源部门和外部的咨询公司共同完成。统一问卷是为了防止出现仁者见仁、智者见智的现象。要清晰地描述测评问卷里的各项内容，例如测评问卷中出现的"风险"、"变革"到底指的是什么，保证所有测评问卷的参与者都能够像理解具象名词一样有相同的理解。另一个是统一评分准则，360度评价中多是以等级、频次作为打分依据，在采用等级打分的时候，要明确等级做到无交叉，并对各个等级的典型表现和等级含义进行详细解释；在采用频次作为打分依据的时候，则需要杜绝出现模棱两可的词，要对"有时"、"经常"、"总是"这样的词语进行详细解释，规定分数。

3．一个应用

一个应用是指要明确360度评价的应用范围，必须是以一个目标为主导目标。即我们之前讲过的360度评价的目标要与公司的目标捆绑，但其最适宜的是进行人员发展和职业规划，并非是作为薪酬绩效，这个我们在本章节"该不该对员工进行360度评价"中已详细讲述，这里不再赘述。

这里我讲述一个采用360度评价失败的案例。该企业在实施360度评价的时候告诉员工是为了对他们进行更好的职业生涯规划，但实际上是用于人员的晋升和淘汰，对员工的个人规划与发展并无任何帮助。企业这样的做法让员工对企业管理者失去了信任，纷纷辞职，失去了员工信任的公司内部人际关系紧张，甚至有人对公司抱有敌意，企业这样的做法的确是得不偿失。

在对360度评价的管理实践中，我们经常会听到一些负面消息，只有不断地改进方法使之与企业的发展目标相适应，制定出具体明确、科学合理的评价要素指标和适合企业发展的评价体系，选择合适的绩效评估方法，才能让360度评价在企业发展中不失去意义，焕发新的光彩。

第四章
卓越绩效要建立全面考核系统

◎怎样才能让绩效更卓越？

KCI、GS 和 KPI 是全面绩效的三种模式，这三种模式所考核的内容各不相同，KCI 是基于素质考核的定性考核指标，KPI 是基于结果的定量考核指标，GS 则是基于过程的定量考核指标。当企业侧重于对量化指标要求较高的情况下，往往采用 GS 与 KPI 相结合的方法。

之前我们讲过，KPI 是关键业绩指标，也是绩效考核中一项重要的考核内容，通过"多、快、好、省"四个维度来衡量，是可以用量化数据表现出来的。GS 则是侧重一些工作岗位上难以量化的过程性工作，所以它侧重于阶段性、过程性的工作目标。KCI 是指关键素质指标，通过员工的日常行为判断他的业务素质，这也是区分并决定绩效差异的个人特征。

因此，只有业绩加素质才能让绩效更卓越。绩效考核以客观数据为主要评判标准，考核工作人员在其岗位上的工作绩效情况，360度评价是以行为层面为主要评判标准，考核工作人员的管理能力；绩效考核和360度评价反映的是工作人员的工作表现，而人才测评是评价其日后发展潜能的重要指标。

在全面绩效考核当中，主要分为两大部分的考核内容，一项是素质考核，另一项是业绩考核，其中业绩考核又分为两个部分，一部分是计划式目标即 GS，另一部分是指标式目标即 KPI。GS 和 KPI 共同构成了业绩模块，再结合 KCI 就构成了全面绩效考核的全部内容。

在以业绩考核为导向的企业中，量化程度相对较高，可以采用 GS 或者 KPI 通过一定的量化公式得出相应的数据。而在以素质考核为导向的企业中，量化程度相对较低，素质指标是用行为表现来体现的，难以量化，因此用 KCI 指标进行考核。

在企业的全面绩效考核中，很多项目是难以完全定量或者完全定性考核的。

怎样考核一个部门的团队成绩和团队合作素质？其实对于部门的团队成绩可以采取 KPI 考核或者 GS 考核，对于团队的合作素质应该采取 KCI 考核，所以对于这个部门的考核就应该结合全面绩效考核的三种模式。

卓越绩效是通过综合的绩效管理方法，使得组织和个人得到进步和发展，提高企业的整体绩效和能力水平，为顾客创造出价值。一个不断追求成功的企业，可以从绩效管理体系的建立和运行中取得绩效，并取得成功。

每一个想要成功的企业和管理者都想要创造卓越的绩效模式，要想做好绩效管理，必须要做到三个统一，即统一领导和员工，统一业绩和态度，统一过程和结果。

1. 统一领导和员工

绩效考核将企业的战略目标进行逐级分解，战略目标是企业在未来一段时间内要实现的远景目标，这样的逐级分解使得每一个员工都承担了企业的战略任务，因此在企业的全面绩效考核中，要想获得良好的考核结果，就要做到领导与员工的统一，双方建立起利益共同体。企业管理者要想获得良好的业绩，就要依赖员工，这也体现了双赢的理念，只有员工和领导都能正确地认识工作目标，达成共识，才能实现绩效考核。

一个操作工的晋升渠道是怎样的？可以从一般的操作工发展成为技工，从技工到技师，从技师到总技师，同样也可以达到和企业管理层一样的待遇，一样的收入水平。

一个企业通过这样的晋升渠道留住人才，鼓励人才，不管你的教育背景如何、你擅长哪一方面，你都可以为公司的发展贡献自己的力量，而且有充分的理由留下来。这些东西，我们看似是虚的，其实对人的影响是潜移默化的，企业的持久竞争力就在于此。很多高绩效的企业，如果你问他们在利益相关者中间谁对你而言最重要？或许有人会说是股东，但是如果他把员工也放在一个较高位置的话，这才是他真正赢得高绩效的资本。

2. 统一业绩和态度

总体来讲，员工的工作业绩是员工的业绩加工作态度，因此，在单位时间内，既要考核员工可量化的工作业绩，也要考核其完成工作的过程中的工作态度及其他相应的素质。所以，在全面绩效考核的时候，要根据不同的工作性质和内容，对这两类指标进行不同权重的设计。在绩效考核实践过程中，我们发现有着良好业绩的企业员工，他们的态度都是积极向上的，但这不意味着所有的积极态度都能取得良好的业绩，有些也是通过投机取巧、不择手段或者侵犯别人的利益换来的。要想获得个人和企业的高绩效，就要追求业绩和态度的统一。

3. 统一过程和结果

为了让全面绩效管理为企业带来更高的业绩，就要做到统一过程和结果，在管理过程中既要强调结果，又要注重过程的沟通。大部分企业管理者在绩效考核的时候，通常将重点放在如何改进绩效管理、如何提高管理手段上面，却忽略了一点：能否得到高绩效的考核结果，应该说必须抓住源头，才能创造出真正的高绩效。

据我多年来的调查研究发现，90%的高绩效企业都是将投资重点放在提高产品附加值和提升服务上面，而低绩效的企业50%以上都是把投资重点放在如何维持现有的低成本优势上面。

这样不主动、不积极的企业，把投资重点又放在维持产品低成本身上，它的绩效是不会好的，当红利消失，低成本竞争优势也会随之受到极大挑战。

KPI、GS和KCI三种模式相辅相成，企业在进行全面绩效考核的时候，如果采用三种模式互为补充，一定会取得很好的绩效考核结果。企业可以采用这一方法集成的现代企业管理理念，不断改善绩效管理，使企业走向卓越。